rororo sport
Herausgegeben von Bernd Gottwald

Zu diesem Buch:

Indoor-Cycling oder Spinning gilt inzwischen als höchst effektive und sanfte Ausdauer- und Gesundheitsförderung. Das Buch zeigt, wie es richtig geht – von der richtigen Sitzposition über den runden Tritt bis hin zu verschiedenen Trainingsprogrammen für unterschiedliche Zielgruppen. Ein persönlicher Gesundheits- und Fitness-Check erleichtert den Einstieg in die verschiedenen Fahrkurse und sorgt für hohe Effektivität.

Ingo Froböse
Siw Waffenschmidt (Hg.)

Trainingsbuch
Indoor-Cycling

Die besten Programme für Ausdauer und Gesundheit
Mit Fotos von Patrick Beier

Rowohlt Taschenbuch Verlag

Originalausgabe
Veröffentlicht im Rowohlt Taschenbuch Verlag GmbH,
Reinbek bei Hamburg, April 2001
Copyright © 2001 by Rowohlt Taschenbuch Verlag GmbH,
Reinbek bei Hamburg
Redaktion Michaela Breit
Umschlaggestaltung Büro Hamburg, Susanne Reizlein
(Foto: Schwinn Fitness)
Innengestaltung/Grafiken Daniel Sauthoff, Hamburg
(Fotos im Innenteil: Patrick Beier, Location Fitness-Studio «Club Vitatop»)
Satz Lino Letter, Univers und City PostScript auf QuarkXPress 4.02
Gesamtherstellung Clausen & Bosse, Leck
Printed in Germany
ISBN 3 499 61008 6

Inhalt

Vorwort

Bewegung und Sport werden zunehmend zu einem Bestandteil unserer Freizeit und somit unseres Lebens. Aktivität zählt heute zu einer gesellschaftlichen Anforderung, die besonders die Erfolgreichen charakterisiert und deshalb zu einem Markenzeichen der «jungen Gesellschaft» geworden ist. Aber auch weitere Ziele und Wünsche, wie z. B. gesundheitliche, ästhetische und leistungssteigernde Aspekte, sind unmittelbar mit Bewegung und Sport verknüpft und finden sich überall sehr stark verbreitet und akzeptiert.

Dementsprechend werden immer mehr Bewegungsaktivitäten entwickelt, die entweder auf neuen Technologien oder neuen Konzeptionen beruhen. Diese neuen Entwicklungen, zu denen auch das Indoor-Cycling zu zählen ist, verbreiten sich in der Regel rasant. Besonders im Fitnessbereich folgt ein Trend auf den nächsten, wobei das Indoor-Cycling dem sehr gut widerstehen konnte. Das Indoor-Cycling hat sich heute als spezielle Trainingsform vom Trend zu einem fixen Angebot in den Studios und Vereinen entwickelt.

Mit dem vorliegenden Buch möchten wir Ihnen das Indoor-Cycling nahe bringen, denn es ist unserer Ansicht nach für viele genau die richtige Trainingsform. Allerdings müssen Besonderheiten berücksichtigt werden, die wir hier erarbeiten wollen. Das Buch soll somit als Leitfaden für alle Anwender/innen, Trainer/innen verstanden werden, die sich über die Gestaltung von Trainingsplänen und deren Durchführung informieren wollen, um letztlich ein ungetrübtes Training zu erleben. Dieses Buch soll helfen, neue «Anhänger» dieser Disziplin zu finden, die Spaß daran haben, sich zu bewegen, und einen optimalen Nutzen daraus ziehen wollen.

PROF. DR. INGO FROBÖSE
SIW WAFFENSCHMIDT

Was man über das Indoor-Cycling wissen sollte

So hat alles angefangen ...

Anfang der 90er-Jahre hatte ein südafrikanischer Straßenradrennfahrer die Idee für das Indoor-Cycling. Er entwickelte ein Cardio-Trainingskonzept, das die grundlegenden Bewegungselemente des Radfahrens von der Straße ins Fitnessstudio verlegte. Die Musik ersetzt dabei das natürliche Streckenprofil, indem sie mit ihrem «Beat» – unterstützt durch die entsprechenden Anweisungen eines Instruktors – die Trittfrequenzen und Fahrtechniken für Berge, Abfahrten und Flachstrecken vorgibt. Die entsprechenden Belastungswiderstände werden statt durch Geländeformation, Fahrtwind und Übersetzung von einem modifizierten, auf eine mittels Ketten- oder Riemenantrieb bewegte Schwungscheibe einwirkendes Bremssystem erzeugt. Spinning® – so der Name des Originalkonzepts in Anlehnung an die sich drehende Schwungscheibe – bzw. «Indoor-Cycling» war geboren.

Zuerst belächelte man die Sportler auf ihren eigentümlich anmutenden Trimmfahrrädern ohne Elektronik, Display und mit einem vorderen Schwungrad. Ob man diese Sportart so richtig ernst nehmen sollte, als sie erstmalig auf Ausstellungen, Fachmessen und in ausgewählten Fitnessstudios von eigens hierfür eingeflogenen «Mastertrainern» vorgestellt wurde, wusste man nicht so genau. Die Fitnessbranche reagierte eher abwartend. Nach ein bis zwei Jahren jedoch war aus der abwartenden Haltung ein immer größeres Interesse seitens der Fitnesskonsumenten und demnach auch der Fitnessanbieter erwachsen.

Richtig durchgeführt, ist Spinning® ein hocheffektives Cardio-Training, dem schon bald unter dem Sammelbegriff «Indoor-Cycling» viele weitere Konzepte für alle Zielgruppen mit den unterschiedlichsten Bedürfnissen folgten, von der gezielten Fettverbrennung zur Gewichtsreduktion über die Steigerung der cardiovaskulären Leistungskapazität bis hin zu ähnlich gelagerten, auf andere Cardio-Geräte (Ruderergometer, Stepper, Laufband) übertragene «Team-Classes».

Vorteile des Indoor-Cyclings

— Indoor-Cycling ist wohl eine der besten Ausdauersportarten überhaupt. Als perfekte «Non-Impact»-Sportart erlaubt Radfahren höchstmöglichen Schutz des Bewegungs- und Stützapparats.
— Die Bewegungsabläufe sind unkompliziert und leicht nachvollziehbar. Das heißt: Jeder kann sofort mitmachen und zieht bereits aus dem ersten Training vollen Nutzen entsprechend seiner individuellen Bedürfnisse und Zielsetzungen, da das Erlernen schwieriger Bewegungsmuster entfällt.
— Die Gruppenatmosphäre motiviert, wie auch z.B. beim Aerobic, sich mit vielen anderen Kursteilnehmern zusammen zu bewegen und körperliche Aktivität zu erleben, nach dem Motto: «Geteilte Freude ist doppelte Freude, geteiltes Leid ist halbes Leid.»
— Die besondere Art der Musik gibt den Teilnehmern das Gefühl, tatsächlich durch die Berge zu fahren. Keine monotonen Beats, die lediglich den Takt zur Bewegung angeben, sind gefragt, sondern es soll durch stimmungsvolle Musik jeder Teilnehmer mitgerissen und motiviert werden, weiterzufahren und durchzuhalten.
— Auch «Aerobicmuffel» und besonders Männer, die bislang den Kursbereich eher mieden, fühlen sich von der einfachen Bewegung und Choreographie angesprochen. Beim Indoor-Cycling kann wirklich jeder (Gesunde) mitmachen.
— Als effektives Ausdauertraining liegt Indoor-Cycling damit voll im Trend: Es verbindet die Vorteile des gesundheitlichen Nutzens, beispielsweise die Vorsorge für Herz-Kreislauf-Erkrankungen, und ist, richtig durchgeführt, ein «Fettkiller».
— Jeder Kursteilnehmer kann aufgrund der stufenlosen Belastungsregulierung über das Bremssystem des Rades seine eigene Belastungsintensität finden. Somit können erfahrene Teilnehmer und Kursneulinge zusammen in einem Kurs fahren.

Ziel der Herausgeber und der Autoren dieses Buches ist es, Ihnen das Indoor-Cycling so zu vermitteln, dass Sie daraus den größten gesundheitlichen und sportphysiologischen Nutzen ziehen können – einerlei, ob Sie als Inhaber oder Manager eines Fitnessclubs Ihren Mitgliedern

Indoor-Cycling anbieten, als Kursleiter tätig sind, an Indoor-Cycling-Kursen teilnehmen oder Indoor-Cycling als Individualsportart im eigenen Trainingsraum betreiben.

Anforderungen an Trainer und Einrichtungen

Inwieweit Indoor-Cycling die Anforderungen an ein effektives Ausdauertraining erfüllt und dabei noch eine Menge Spaß macht, hängt besonders vom Können und Wissen des Trainers ab. Insbesondere wenn beim Neueinsteiger gesundheitliche Einschränkungen vorliegen oder spezielle Ziele wie beispielsweise Gewichtsreduktion angestrebt werden, ist die Kompetenz des Trainers ganz entscheidend für die Umsetzung dieser Ziele. Vor dem Entschluss, ein bestimmtes Fitnessstudio aufzusuchen, in dem Indoor-Cycling-Kurse angeboten werden, gibt es bestimmte Punkte, auf die Sie achten sollten.

Wichtig für die Entscheidung, ob man den «inneren Schweinehund» überwinden kann und sich aufrafft, zum Training zu gehen, hängt natürlich oft ganz entscheidend von der Atmosphäre im Studio und der Sympathie für den Kursleiter und die anderen Teilnehmer ab. Diesen eher subjektiven Kriterien – die jeder für sich anders wahrnimmt und beurteilt – können Kriterien hinzugefügt werden, die die Kompetenz und «Lehrbefähigung» des Kursleiters unterstreichen. Hierzu sind folgende Fragen hilfreich:

Welche Ausbildung hat der Kursleiter? Wurde von ihm eine spezielle Fortbildung für Indoor-Cycling-Kurse absolviert?

Nur eine fachlich fundierte Ausbildung (Dipl.-Sportlehrer, Sport- und Gymnastiklehrer, Krankengymnast, Grundausbildung im Fitnessbereich) in Verbindung mit einer zusätzlichen Fortbildung für das Indoor-Cycling garantiert Ihnen eine fachlich kompetente und individuelle Betreuung. Hier sollten Sie sich nicht mit dem Hinweis auf abgelegte Fortbildungskurse des Übungsleiters zufrieden geben.

Werden Sie zu Beginn Ihres Trainings nach individuellen Einschränkungen, Vorerfahrungen und Wünschen gefragt?

Ein «guter» Kursleiter bzw. ein «gutes» Studio wird vorab – d. h. vor Aufnahme des ersten Trainings – Ihre persönlichen Eigenheiten mittels eines Fragebogens registrieren. Zusätzlich sollte durch einen Ausdauertest Ihre individuelle Leistungsfähigkeit erfasst werden. Damit wird Ihre persönliche Trainingsherzfrequenz und Belastbarkeit dargestellt, die bei Ihrem Indoor-Cycling-Training berücksichtigt werden muss.

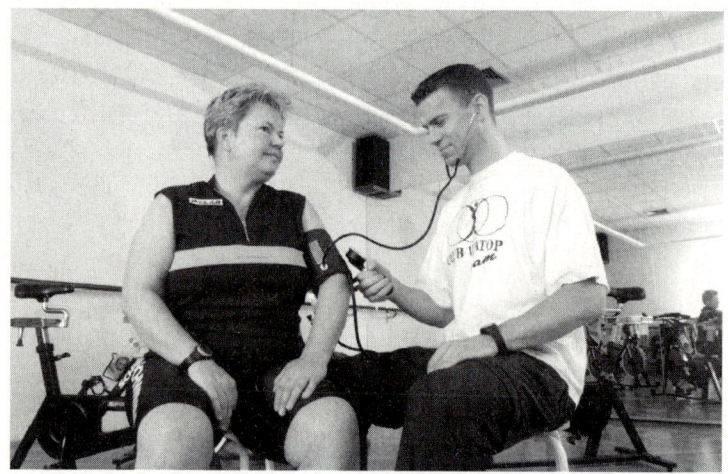

Und hier noch weitere Kriterien, die einen «guten» Kursleiter ausmachen:

— Sie werden persönlich in die Handhabung und Einstellung des Indoor-Cycling-Rades eingewiesen.

— Während der Kursstunde kontrolliert der Kursleiter mehrmals die Einhaltung der Trainingherzfrequenzen und erkundigt sich nach Ihrem Befinden.

— Es werden regelmäßig Hinweise zu Technik und zu Widerstandsregelung gegeben.

— Es erfolgen individuelle Korrekturen.

— Bei den Hinweisen zur Widerstandsregelung und zu den Fahrtechniken weist die Kursleitung auf leichtere Alternativen hin.

— Nach der Trainingsstunde ist der Kursleiter für Fragen und Anmerkungen seiner Trainingsgruppe ansprechbar.

— Der Kursleiter kennt Ihren Namen und weiß um eventuelle Einschränkungen bzw. Besonderheiten, die bei Ihrem Training beachtet werden müssen.

Sicher können Sie sein, wenn das Studio Qualitätsansprüche an die Personalqualifikation, an das inhaltliche Konzept und an die räumlichen und apparativen Voraussetzungen erfüllt. Nun ist es sehr schwer, als Laie, der zum ersten Mal ein Studio betritt, diese Kriterien zu beurteilen. Hier hilft dem Verbraucher das RAL-Gütezeichen **Fitnesszentrum** (siehe Abbildung), das Studios prüft und mit dem Gütezeichen auszeichnet. Im Adressenanhang ist der Kontakt angegeben; dort können Sie ein geprüftes Studio in Ihrer Nähe erfragen.

Das RAL-Gütezeichen «Fitnesszentrum»

Grundlagen des Ausdauertrainings

Die Durchführung von planvollen und gezielten Maßnahmen zur Verbesserung der körperlichen Leistungsfähigkeit nennt man **Training**. Das Indoor-Cycling-Training verbessert die Ausdauer. Allerdings wird die Ausdauer nicht einfach so verbessert, sondern es müssen dabei bestimmte Trainingsprinzipien beachtet werden. Vor Beginn eines Trainings müssen die individuellen Voraussetzungen und Zielsetzungen erfasst werden, da nicht jedes Training für jeden gut ist. Was dabei zu beachten ist, möchten wir im Folgenden klären.

Was ist überhaupt ein Ausdauertraining?

Wenn wir eine Tätigkeit über einen langen Zeitraum durchhalten können, spricht man von **ausdauernd**. Dabei gibt es unterschiedliche Anstrengungsgrade, je nachdem, ob eine bestimmte Tätigkeit 3 Stunden (z. B. Gehen) oder 10 Minuten (z. B. Laufen) durchgehalten wird. Damit die Muskulatur arbeiten kann, wird Energie benötigt, die aus der Verbrennung mit Sauerstoff entsteht. Solange zur Energiegewinnung zum größten Teil Sauerstoff verbrannt wird, spricht man von einer aeroben (*griechisch: «mit Sauerstoff«*) Belastung. Wird die Anstrengung zu groß, kann der Sauerstoffbedarf nicht mehr durch das angelieferte Blut gedeckt werden. Nun wird **an**aerob (*griechisch: «ohne Sauerstoff«*) in der Muskulatur gearbeitet, wodurch u. a. das Abfallprodukt Milchsäure (Laktat) anfällt. Vereinfacht ausgedrückt, wird die Muskulatur durch dieses Abfallprodukt schnell «sauer», und die Tätigkeit muss abgebrochen werden. Durch Ausdauertraining wird zum einen die Grenze verschoben, an der der Körper bzw. die Muskulatur noch «aerob», also mit genügend Sauerstoff Energie gewinnen kann. Zum anderen kann durch Training die Fähigkeit der Muskulatur erhöht werden, Laktat zu tolerieren. Man könnte dies mit «Steigerung des Durchhaltevermögens» beschreiben.

Zur Energiegewinnung mit oder ohne Sauerstoff nutzt der Körper verschiedene Stoffe.

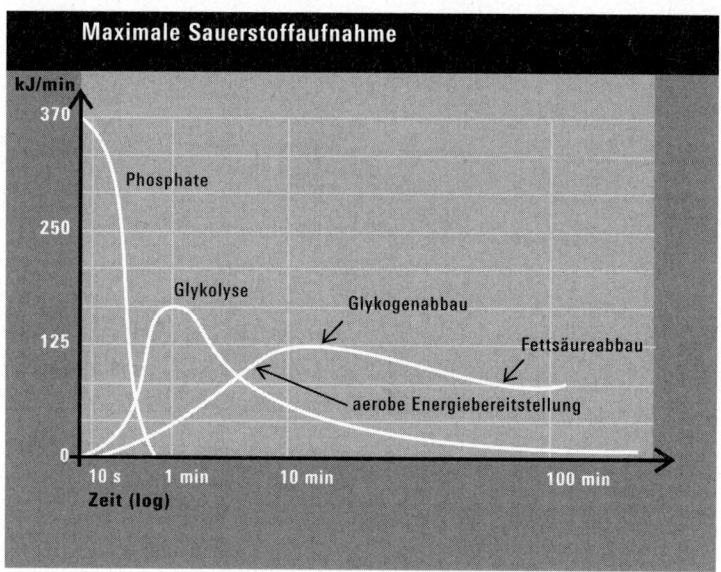

Welche Energieform wird bei maximaler Beanspruchung in Abhängigkeit von der Zeit genutzt?

Je nachdem, in welcher Intensität pro Zeit der Körper belastet wird, ergibt sich entsprechend die Energiebereitstellung. Beim Fitness- und Gesundheitstraining sollte die Intensität nur so hoch liegen, dass die Energie aus dem *Glykogen-* (Kohlenhydrat-) und Fettsäureabbau entsteht. Das «Durchhaltevermögen» wird trainiert, wenn der Körper in einer hohen Intensität belastet wird und die nötige Energie nur noch mittels der so genannten *Glykolyse* (vereinfacht: Aufspaltung des Traubenzuckers in Milchzucker) hergestellt werden kann. Es wird deutlich, dass nur mit einer niedrigen Belastungsintensität der gesundheitliche Nutzen eines Fitness- und Gesundheitstrainings möglich wird. Ein «Power-Workout», bei dem man nach der Kursstunde vor Erschöpfung fast vom Rad fällt, trainiert hingegen primär die Laktattoleranz.

Wie wird die Ausdauer trainiert?

Wie wir nun also wissen, gibt es verschiedene Formen von Ausdauer, je nachdem, wie lange und mit welcher Intensität der Körper belastet wird. Damit diese verschiedenen Formen trainiert werden können, gibt es unterschiedliche Trainingsmethoden, die wir nun im Folgenden vorstellen möchten.

Im Bereich des Fitness- und Gesundheitssports sowie des leistungsorientierten Fitnesstrainings kommen hauptsächlich Trainingsmethoden zur Verbesserung der Grundlagenausdauer zum Einsatz. Dies sind die *Dauermethode* und die *Intervallmethode*.

Dauermethode

Charakter: ununterbrochene trainingswirksame Belastung über eine lange Zeitspanne

Wirkung: ökonomische Bewegung, Verbesserung des Herz-Kreislauf-Systems und des Stoffwechsels, Verbesserung der Fettverbrennung

Zielsetzung: Gesundheitstraining, Fettstoffwechseltraining

Inhalte: *kontinuierliche Dauermethode:* gleich bleibende Intensität bzw. Geschwindigkeit =› HF/Min. z.B. 125–160

variable Dauermethode: planmäßiger Wechsel der Intensitäten innerhalb einer gewissen Bandbreite (Tempowechsel) =› HF/Min. z.B. 140–160

Fahrtspiel: wechselnde, z.B. «geländebedingte» Belastungsänderung innerhalb großer Bandbreite =› HF/Min. z.B. 125–190

Intervallmethode

Charakter: planmäßige Wechsel zwischen Belastungs- und Entlastungsphasen, in der Entlastung kommt es nicht zur vollen Erholung

Wirkung: Verbesserung des Herz-Kreislauf-Systems, Erhöhung der Belastungstoleranz in allen beteiligten Organen, Verbesserung des «Durchhaltevermögens»

Zielsetzung: Fitness- bzw. Leistungsverbesserung

Inhalte: *extensive Intervallmethode:* Belastungsintensität geringer, Pause kürzer

intensive Intervallmethode: Belastungsintensität höher, Pause länger

Die richtige Dosierung macht's

Mittels einer speziellen Variation von Belastungsdauer und -intensität werden die gewünschten Trainingseffekte erzielt. Die Trainingsempfehlungen zielen darauf ab, den optimalen Bereich der individuellen Belastung zu treffen. Dies erfolgt beim Indoor-Cycling über die Herzfrequenzsteuerung.

Herzfrequenzsteuerung

Seit Jahren konnte immer wieder gezeigt werden, dass die Steuerung über die Herzfrequenz eine genaue, effektive und einfache Methode der Belastungssteuerung darstellt. Die Bandbreite der Herzfrequenz reicht von der Ruheherzfrequenz (RHF) bis zur maximalen Herzfrequenz (MHF). Beide Herzfrequenzen sind individuell oft unterschiedlich, genauso wie der Verlauf bei Beanspruchung. Daher sind Ruheherzfrequenz, Maximalherzfrequenz und Trainingsherzfrequenz nur individuell für jeden Trainierenden zur Beurteilung der Leistungsfähigkeit aussagekräftig.

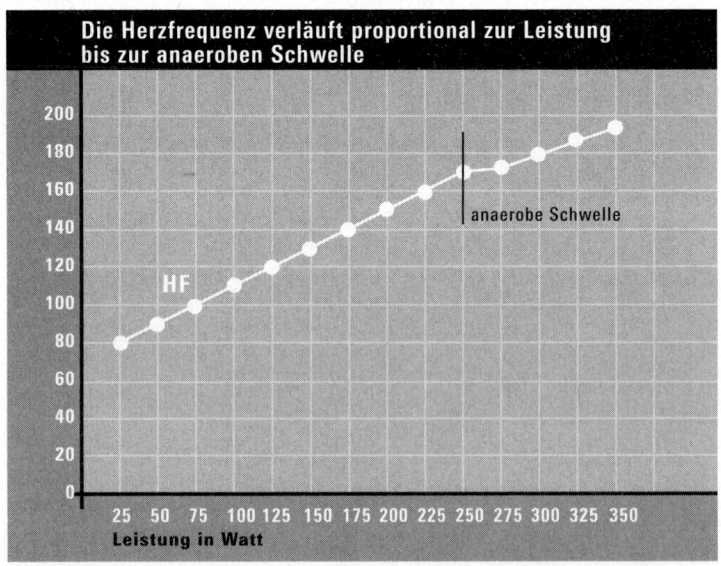

Herzfrequenz verläuft proportional zur Belastung (Beispiel einer normal trainierten Person)

Die Höhe der Herzfrequenz verläuft gleich zur Belastungshöhe. Dadurch kann über die Herzfrequenzsteuerung in den meisten Fällen eine gute Intensitätskontrolle erfolgen. Allerdings ist das Herzfrequenzverhalten von vielen Faktoren abhängig. Dazu gehören Alter, Trainingszustand, Medikamenteneinnahme, Temperatur, psychische Faktoren (z. B. Aufregung) und noch einige andere. Aus diesem Grund sollten die Trainingsherzfrequenzen individuell ermittelt werden.

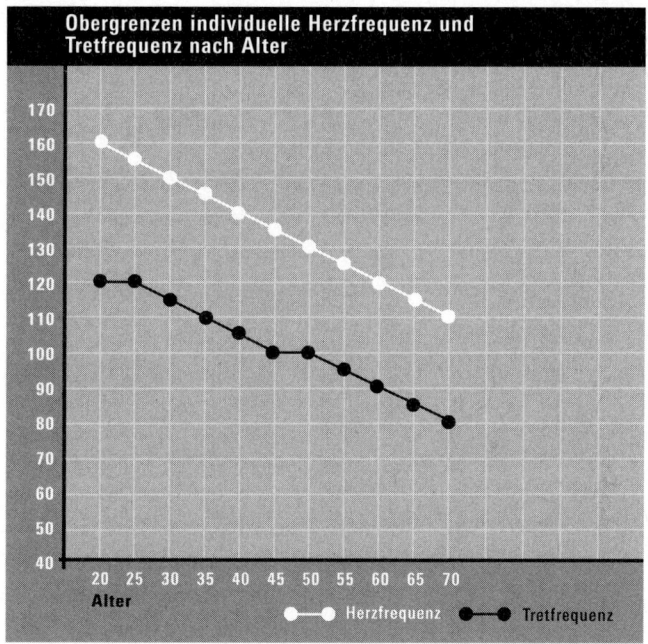

Die Herzfrequenz ist abhängig vom Alter

Leistungssportler können und müssen für eine optimale Leistungsentwicklung die ganze Bandbreite der möglichen Trainingsherzfrequenzen ansprechen. Allerdings gilt auch für diese Gruppe, dass die intensiven Belastungen, also submaximale und maximale, nur dosiert eingesetzt werden sollten. Die Breitensportler meiden in der Regel den maximalen Herzfrequenzbereich, da dieser nur sinnvoll für den Leistungssportbereich ist. Bei untrainierten Freizeitsportlern wird bis zum submaximalen Bereich trainiert. Für Personen mit Einschränkungen liegt die Trainingsherzfrequenz im unteren bis mittleren Bereich.

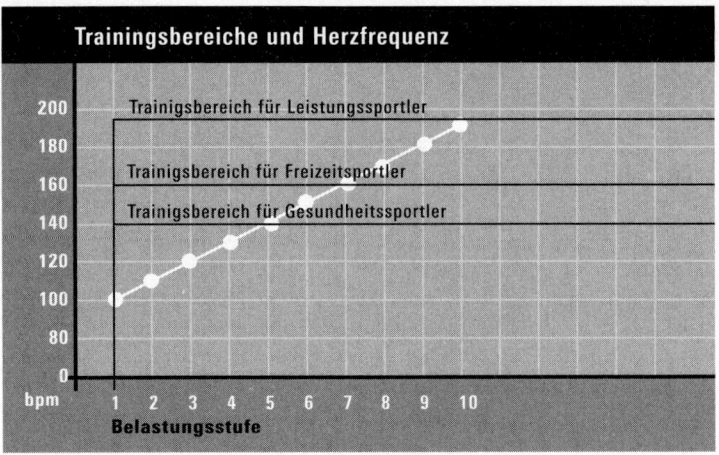

Trainingsbereiche und Herzfrequenz

Trainigsbereich für Leistungssportler

Trainigsbereich für Freizeitsportler

Trainigsbereich für Gesundheitssportler

bpm 200 180 160 140 120 100 80 0

Belastungsstufe 1 2 3 4 5 6 7 8 9 10

Herzfrequenzbereiche für unterschiedliche Zielgruppen

Die Ermittlung der Trainingsherzfrequenz kann über verschiedene Formeln errechnet werden. Diese sind aber für alle Zielgruppen unterschiedlich, sodass beim Training der einzelnen Gruppen die entsprechende Ermittlung der Trainingsherzfrequenzen erläutert wird.

Die OwnZone-Funktion zur Bestimmung der individuellen Trainingszonen

Ein einfacher Weg zur Ermittlung der individuellen aeroben Trainingszielzone (65–85 Prozent der MHF) errechnet die OwnZone™-Funktion des Polar-Herzfrequenz-Messgeräts. Dieses Gerät bestimmt bei jedem Training die richtige Trainingszielzone. Dabei berücksichtig es auch die täglich unterschiedliche Befindlichkeit und Leistungsfähigkeit. Die Ermittlung dauert 4 bis maximal 10 Minuten und kann vor einem Indoor-Cycling-Kurs oder beim Aufwärmen ermittelt werden. Dabei wird die Intensität schrittweise über Trittfrequenz oder Widerstand erhöht.

Auf dem Display wird dann die untere und obere Herzfrequenzgrenze, z. B. 108–138 Schläge pro Minute, angezeigt.

Die OwnZone™-Funktion ist eine Methode, um individuell eine moderate Trainingszone (passend zum Grundlagenausdauertraining, aerobem Training) zu bestimmen. Die im Labor bestimmte individuelle maximale Herzfrequenz ist zwar die zuverlässigste Basis für die Zielzonenbestimmung. Jedoch bietet die auf Herzfrequenz-Variationsbestimmung basierende OwnZone™-Methode einen wesentlich praktikableren Test, da er beliebig wiederholbar ist.

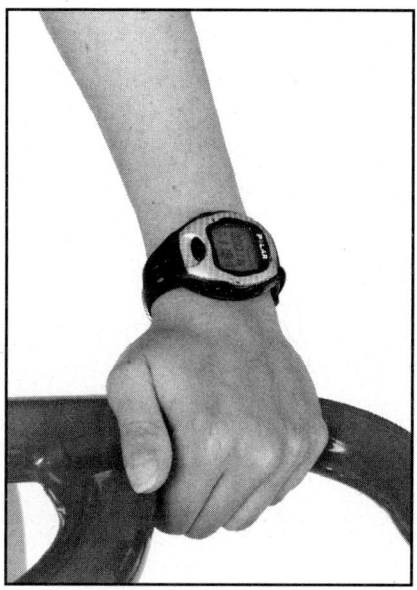

Polar-Uhr mit OwnZone™, Funktion zur Bestimmung der individuellen Herzfrequenz

Subjektives Belastungsempfinden – das Körpergefühl

Die individuelle Belastungssteuerung kann zum einen über die Herzfrequenz und zum anderen über das subjektive Belastungsempfinden gesteuert werden. Gerade zu Beginn eines Trainings ist es ratsam, ständige Belastungskontrollen durchzuführen. Zum einen, weil Untrainierte zumeist die eigenen Möglichkeiten überschätzen, zum anderen, weil die Einhaltung einer niedrigen Belastungsintensität gerade am Anfang notwendig ist. Um das eigene Körpergefühl wahrzunehmen und einschätzen zu können, sollte parallel zur Herzfrequenz auch das subjektive Belastungsempfinden mittels der so genannten Borg-Skala erfasst werden.

Die Borg-Skala

6	●	
7	●	sehr, sehr leicht
8	●	
9	●	sehr leicht
10	●	
11	●	recht leicht
12	●	
13	●	etwas anstrengend
14	●	
15	●	anstrengend
16	●	
17	●	sehr anstrengend
18	●	
19	●	sehr, sehr anstrengend
20	●	

Die BORG-Skala kombiniert eine Zahlenskala von 7 bis 19 mit dem subjektiven Anstrengungsgefühl. Beispielsweise entspricht «sehr, sehr leicht» der Zahl 7, und die höchste Zahl (19) entspricht dem Gefühl «sehr, sehr anstrengend». Beispielsweise sollte die Übungsintensität beim Fettstoffwechseltraining bei 13 («etwas anstrengend») liegen.

Trittfrequenz und Intensität

Mit steigender Trittfrequenz steigt die Leistung, da sowohl äußere als auch innere Widerstände wachsen. Nach der physikalischen Formel **Leistung = Kraft x Weg pro Zeiteinheit** wird deutlich, dass bei einer erhöhten Umdrehungszahl mehr Weg zurückgelegt werden muss und damit die Belastung steigt. Die optimale Trittfrequenz hängt aber vom individuellen Trainingszustand ab. Sowohl für Untrainierte als auch für körperlich trainierte Personen liegt der höchste Wirkungsgrad bei ca. 60 Umdrehungen in der Minute. Für spezifisch trainierte Radfahrer ist eine höhere Trittfrequenz ökonomischer. Das Üben hoher Tretge-schwindigkeiten verbessert das Zusammenspiel der Beinmuskulatur für höhere Umlaufgeschwindigkeiten. Im Verlauf der Trainingsentwicklung können also höhere Trittfrequenzen mit weniger Energie bewegt werden. Eine obere Grenze für die Tretgeschwindigkeit sollte individuell dort angesetzt werden, wo der obere Intensitätsbereich z. B. der Herzfrequenz überschritten wird. Dieser kann bei einer Person bei 90 U / Min., bei einer anderen bei 120 U / Min. liegen. Bei Beschwerden in Gelenken, in den Atemwegen oder bei Störungen des Kreislaufs muss die Tretgeschwindigkeit reduziert werden. Die untere Grenze der Trittfrequenz sollte aber – vor allem bei hohem Krafteinsatz – bei 60 U / Min. nicht unterschritten werden, da ansonsten die Gelenkbelastung sehr groß wird.

Trainingsdauer und -häufigkeit

Um einen langfristigen Gesundheitseffekt durch Training zu erzielen, muss man regelmäßig und am besten lebenslang trainieren. Dennoch lohnt sich auch schon jede einzelne Trainingseinheit, in der kurzfristige Erfolgserlebnisse sowie Anstöße zu einer Fortführung des Trainings gegeben werden können. Der größte Effekt entsteht aber in einem kontinuierlichen und planvollen Training. Die Stunden sollten so aufeinander aufgebaut sein, dass das Training progressiv gesteigert und den neuen Bedingungen angepasst wird.

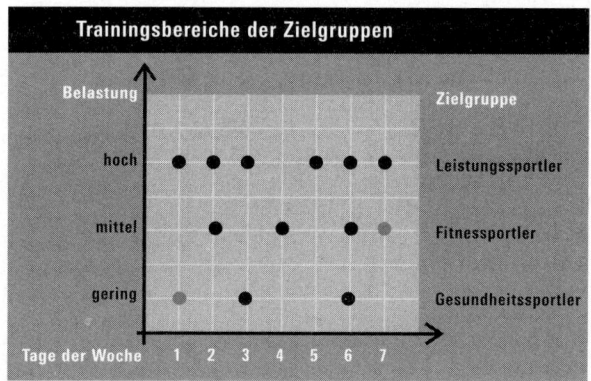

Wöchentliche Trainingshäufigkeit der unterschiedlichen Zielgruppen

Um einen gesundheitlichen Nutzen zu erzielen, reichen schon 2–3 Trainingseinheiten à 45 Minuten in der Woche aus. Insgesamt sollten aber 2000–3000 Kilokalorien pro Woche durch Bewegung mehr verbraucht werden. Das bedeutet, dass die optimale Trainingshäufigkeit bei 3–4-mal pro Woche liegt, wenn man davon ausgeht, dass eine durchschnittliche Einheit Indoor-Cycling ca. 500–650 Kilokalorien verbraucht. Die Intensität sollte aber immer so angepasst sein, dass es zu keiner Überbeanspruchung kommt. Bei einer Trainingshäufigkeit von 3–4-mal werden neben der gesundheitlichen Vorsorge zudem die konditionellen Eigenschaften besser entwickelt. Daher trainieren ambitionierte Sportler und Wettkampfsportler 4-mal pro Woche oder täglich, um die persönliche Bestform zu erreichen. Bei diesen beiden Gruppen nimmt sowohl die Länge einer Trainingseinheit zu als auch die Intensität. Wichtiger als Intensität und Umfang der Trainingseinheiten ist die Kontinuität der Sportausübung. In diesem Zusammenhang sollte lieber 3-mal die Woche 30 Minuten trainiert werden als einmal 90 Minuten. Es ist ebenfalls effektiver, jede Woche zu trainieren als eine Woche mit viel und eine ohne Training.

Um mit den Trainingsanforderungen besser zurechtzukommen, kann man sowohl die Zahl der Trainingseinheiten erhöhen als auch deren Länge. In größeren Abständen sollte man zudem die Inhalte der Kurse variieren, sodass neue Reize die Motivation sowie die Motorik und andere Bereiche weitertrainieren. Eine Intensitätsanpassung an die neue Leistungsfähigkeit sollte als letzter Schritt erfolgen.

Unabhängig von der Länge einer Kurseinheit steht bei Aufnahme eines Trainings eine Einführungsstunde, bei der die wichtigsten Grundlagen erläutert werden. Anschließend sollte das Training mit dem in der Abbildung dargestellten Rhythmus erfolgen. Die Regenerationsphasen werden in den Trainingsprozess mit eingeplant. Nach 3 Wochen aufbauender Elemente und steigender Intensität folgt eine Regenerationswoche. Daran schließt sich ein neuer 4-Wochen-Zyklus an mit 3 Wochen steigender Beanspruchungen und einer Regenerationswoche. In jeder 4. Woche sollte das Training vom Umfang halbiert werden sowie nur eine geringe Intensität beinhalten.

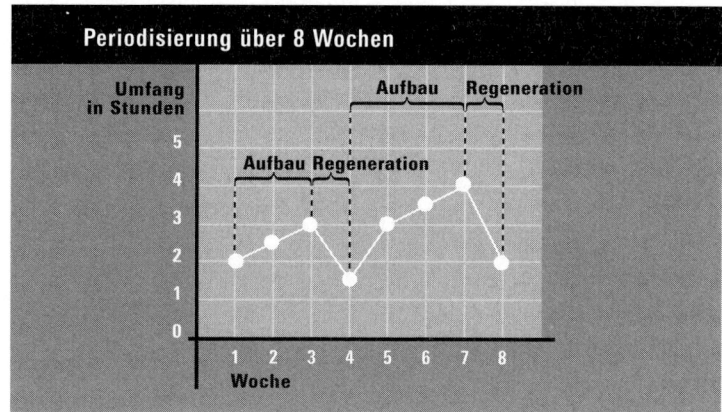

Periodisierungsmodell

Im Jahresverlauf kann ein Teil des Jahrestrainings mit grundlagenorientiertem Training durchgeführt werden. Anschließend kann ein weiterer Teil, z.B. jeweils ein Vierteljahr, mit fortgeschrittenen Trainingsanforderungen gefüllt werden.

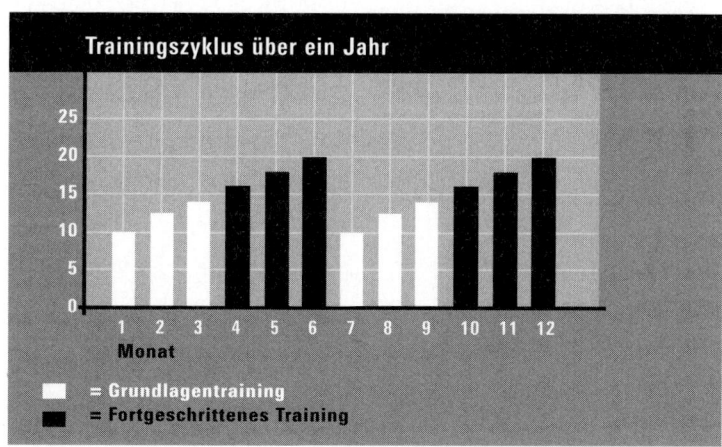

Indoor-Cycling als Freizeitausgleich

Die Leistungsgesellschaft fordert uns immer mehr. Was liegt da näher, als einen Ausgleich von all dem Stress, Trubel und dem Ärger zu suchen, den wir tagtäglich in der Schule, im Studium oder im Beruf erfahren. Nun ist dies nicht so einfach. Es gilt ein Angebot zu finden, das unseren Bedürfnissen und Neigungen entspricht, Spaß macht, die Belastungen des Alltags vergessen lässt und auch noch unsere körperliche Leistungsfähigkeit fördert. Indoor-Cycling kann hier helfen, weil es viele Facetten eines ausgewogenen Sporttreibens verbindet und uns zu einem größeren Wohlbefinden leiten kann; wie überhaupt das persönliche Wohlbefinden immer im Mittelpunkt unseres Handelns stehen sollte. Gerade in unserer Freizeit sollten wir nichts unternehmen, was uns nicht gefällt. Dies ist natürlich nicht ganz so einfach, aber dennoch machbar, wenn man einige Grundsätze beachtet. Indoor-Cycling fördert nicht nur die Gesundheit und das Leistungsvermögen durch das «richtige» Aktivsein, sondern lässt auch die Alltagssorgen verschwinden. Ist man erst einmal einige Zeit gefahren und lauscht man dem Instructor, so vergisst man relativ schnell alles Negative und Belastende. Wir konzentrieren uns auf unseren Körper, schwitzen, atmen laut und tief und treten und treten ... Der Körper wird in dem Moment zum Mittelpunkt, und alle belastenden Gedanken verschwinden im Nebel und sind jetzt nicht mehr wichtig. Ein wohliges Gefühl stellt sich ein. Diesen Zustand gilt es zu konservieren und nicht zu übertreiben. Achten Sie auf die Signale Ihres Körpers und überschreiten Sie nicht die Grenze zum «Ausgepowert-Sein». Durch eine angemessene Belastung verschwindet der Stress vom Tage, und Sie werden für den nächsten Tag belastbarer und resistenter gegenüber allen Anforderungen.

Wenn Sie nun erkennen, dass diese Form der Belastung und Beanspruchung Ihnen gut tut und Ihr Wohlbefinden fördert, dann werden Sie «süchtig» nach diesen Ereignissen und Erlebnissen mit dem eigenen Körper – es wird zu einem Lusterlebnis werden, wenn Sie wieder aufs Rad steigen und alles um sich herum vergessen.

Schön ist es auch zu sehen, wie die anderen Gruppenteilnehmer reagieren. Was gibt es denn Besseres, als gemeinsam Spaß zu haben und nach der Stunde zu plaudern und sich auszutauschen. Mit Freunden macht es noch mehr Freude, und dafür ist Indoor-Cycling ideal.

Zusammenfassend kann man also sagen, dass Indoor-Cycling ein Sportangebot ist, das Körper, Geist und Seele nicht nur gleichermaßen beansprucht, sondern eben auch fördert und uns dem Ziel des persönlichen Wohlbefindens näher bringt.

Small Talk

Technikgrundlagen

Wir wissen nun, welche Bedingungen und Anforderungen bei einem Indoor-Cycling-Training bedacht werden müssen. Wenden wir uns also den technischen Grundlagen zu. Im Folgenden erklären wir, welche Anforderungen an ein Indoor-Cycling-Rad gestellt werden, wie man auf einem solchen Rad sitzt und fährt und welche Dinge sonst noch rund ums Indoor-Cycling zu beachten sind.

Das Indoor-Cycling-Rad

Vor allem Studiobesitzer, die Indoor-Cycling in ihr Kursangebot einführen oder ihren «Fuhrpark» erneuern wollen, aber auch Individualsportler, die Indoor-Cycling im privaten Umfeld zur Verbesserung der Ausdauer nutzen, sollten sich mit den Anforderungen an ein solches Trainingsgerät vertraut machen. Ein Indoor-Cycling-Rad sollte mit möglichst geringem Wartungsaufwand und einem vertretbaren Preis-Leistungs-Verhältnis allen Anforderungen in Bezug auf Sicherheit, Gesundheit und Effektivität gerecht werden.

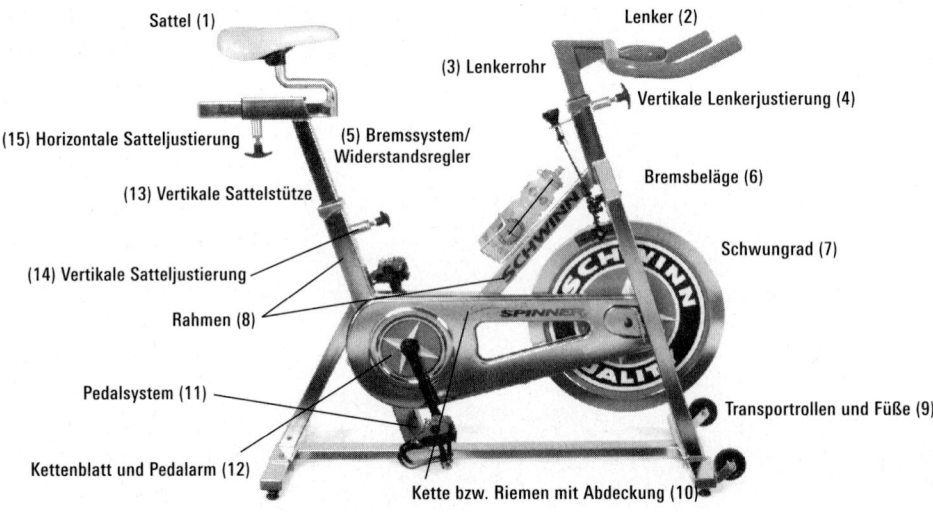

Das Indoor-Cycling-Rad

Grundsätzlich sollte darauf geachtet werden, dass alle frei liegenden Metallteile rostgeschützt bzw. veredelt sind. Lenker und Sattelstangen sind häufig aus verchromtem Material, Rahmenteile in der Regel lackiert oder pulverbeschichtet. Im Idealfall sollte jedoch rostfreier Edelstahl für all jene Bauteile verwendet werden, die in intensiven Kontakt zum Schweiß gelangen können. Andernfalls wird das Rad sehr schnell Rost ansetzen. Regelmäßige Pflege mit Seifenlauge, Fett und Öl ist notwendig, um das Rad instand zu halten.

Sattel und Einstellmöglichkeiten (1, 13, 14, 15)

Der Sattel sollte in jedem Fall horizontal und auch vertikal verstellbar sein. Die Einstellmöglichkeit kann bei den unterschiedlichen Modellen entweder stufenweise oder stufenlos vorgenommen werden. Die Neigung des Sattels kann normalerweise mit einem 13er-Schraubenschlüssel verändert werden.

Der standardmäßig montierte Sattel ist für viele «Nichtradfahrer» ungewohnt, da er relativ schmal und auch etwas fester als handelsübliche Sattelmodelle von Fahrradergometern oder Fahrrädern ist. Falls Druckstellen oder andere Beschwerden durch den Sattel hervorgerufen werden, sollte man in jedem Fall eine gepolsterte Radhose tragen und eventuell einen Sattel mit besserer Dämpfung und Aussparungen (besonders für Frauen geeignet) montieren. Darüber hinaus gibt es auch mit Gel gepolsterte Sattelüberzüge, die bei Sitzproblemen Abhilfe schaffen.

Lenker und Einstellmöglichkeiten (2, 3, 4)

Der einem Bullhorn ähnlich geformte Lenker sollte griffig und rutschfest mit Kunststoff ummantelt sein. Einige Hersteller von Indoor-Cycling-Rädern bieten neben der Höhenverstellung auch eine horizontale Lenker-Einstellmöglichkeit an. Das Rad kann damit individuell noch genauer eingestellt werden und bietet dadurch mehr Sitzkomfort. Wie beim Sattel gibt es sowohl stufenweise als auch stufenlose Höhen- und auch Entfernungseinstellungen. Achten Sie darauf, dass die Einstellungen durch Zahlen oder Buchstaben an den Schäften ablesbar sind. Dadurch kann man die persönliche Sitzposition schneller wieder finden.

Bremssystem/Widerstandsregler (5, 6)

Das Typische bei einem Indoor-Cycling-Rad ist, dass es keine Rücktritt- oder Handbremse, wie man sie von normalen Fahrrädern kennt, gibt. Die Räder sind mit einem ganz speziellen Bremssystem ausgestattet. Durch einen drehbaren Regler unterhalb des Lenkers in Griffnähe kann der Widerstand und somit die Intensität verändert werden. Weitere Systeme arbeiten mit Hebeln oder anderen Hilfsmitteln. Die Bremsbeläge sind aus Filz oder Leder und stehen in Kontakt zum Schwungrad. Achten Sie darauf, dass der Widerstandsregler gut zu erreichen und griffig bzw. rutschfest ist. Die Betätigung des Reglers soll leichtgängig und stufenlos sein. Es wird keine Anzeige oder Skala zur Einstellung benötigt. Darüber hinaus muss eine Notbremsfunktion über Druck oder Zug an dem Widerstandsregler möglich sein. Teilweise werden auch zur Sicherheit spezielle Hebel zur Notbremsung in der Nähe des Widerstandsreglers montiert.

Schwungrad (7)

Das Schwungrad ist die «treibende Kraft» des Rads und sollte aus nicht rostendem Stahl bestehen. Das Gewicht ist von Modell zu Modell unterschiedlich. Das Gewicht, die Verteilung der Schwungmasse und die Übersetzung bestimmen die Antriebskraft des Rads. Je ausgewogener das Verhältnis zwischen Schwungmasse und Übersetzung ist, umso realistischer und sicherer wird das Fahrgefühl auf dem Rad.

Rahmen (8)

Der Rahmen des Rads muss sehr stabil und gut verarbeitet sein. Üblicherweise besteht er aus einem massiven Vierkant-Stahlrohr, das rostgeschützt bzw. veredelt oder lackiert ist. Im Idealfall besteht der Rahmen (wie auch alle anderen Bauteile) aus Edelstahl, damit erst gar kein Rost auftreten kann.

Transportrollen und Füße (9)

Die Transportrollen sollten kugelgelagert und nicht zu klein sein, damit das schwere Rad (> 50 kg) einfach von der Stelle zu bewegen ist. Das Tragen des Rads über eine längere Distanz ist aufgrund des Gewichts und der unhandlichen Form für eine einzelne Person kaum möglich.

Das Rad sollte auf höhenverstellbaren Füßen stehen, damit Unebenheiten des Bodens ausgeglichen werden können und immer ein fester und sicherer Stand gewährleistet ist.

Kette bzw. Riemen mit Abdeckung (10)

Indoor-Cycling-Räder haben entweder einen Ketten- oder einen Riemenantrieb. Beide Antriebsarten haben Vor- und Nachteile. Beim Kettenantrieb liegt der Vorteil bei der realistischeren Kraftübertragung im Verhältnis zum Fahrrad. Viele Fahrer lieben es, wenn sie beim Treten der Kurbeln die Kette hören. Beim Fahren mit Musik fällt dies allerdings nicht mehr ins Gewicht.

Der Riemen als Antriebsart ist geräuschlos und sehr wartungsarm. Sowohl Kette als auch Riemen müssen gelegentlich nachgespannt werden. Zusätzlich muss die Kette hin und wieder geölt werden.

Ob ein ketten- oder riemenangetriebenes Rad angeschafft wird, ist meist eine persönliche und auch subjektive Entscheidung des Käufers. Wir empfehlen, beide Systeme auszuprobieren und zu prüfen, mit welchem Antrieb man besser zurechtkommt.

Bei beiden Antriebssystemen sollten Schutzabdeckungen vorhanden sein, die für Wartungsarbeiten unkompliziert abzunehmen und anzubauen sind.

Pedalsystem (11)

Standardmäßig sind Indoor-Cycling-Räder mit handelsüblichen Pedalen ausgestattet. Hinzu kommen Körbchen für die feste und sichere Justierung des Fußes am Pedal. Diese sollten aus Sicherheitsgründen immer während des Fahrens benutzt werden.

Alternativ können statt der Körbchenverbindungen auch Pedale mit

Klick-System für einen besseren Halt und eine effektivere Kraftübertragung eingesetzt werden. Hierzu wird zusätzlich ein spezieller Radschuh benötigt.

Kettenblatt und Pedalarm (12)

Beim Austausch der Pedale muss darauf geachtet werden, dass sie im Pedalarm korrekt eingeschraubt werden. Falls ein Pedal beim Einschrauben verkantet wird, wird das Gewinde im Pedalarm beschädigt, und der gesamte Arm muss ausgetauscht werden.

Um ein Losdrehen der Pedale während der Fahrt zu verhindern, sind beide in Fahrtrichtung eingeschraubt. Das bedeutet wiederum, dass das Lösen der Pedale aus dem Pedalarm heraus immer mit einer Schraubbewegung nach hinten erfolgen muss. Dies gilt sowohl für die linke als auch für die rechte Seite (Schraubenschlüssel: Größe 15). Bei häufigem Wechsel der Pedale ist zu überlegen, ein zweiseitiges Pedal anzubauen. Hierbei kann von der einen Seite ein Körbchen und von der anderen Seite ein Klick-System verwendet werden. Ein weiterer Austausch entfällt dann.

Sitzposition

Bevor man sich auf das Rad setzt und losradelt, muss erst einmal die Sitzposition auf die individuellen Maße eingestellt werden. Dabei wird nicht nur die Sattelhöhe, sondern auch die Sattelneigung, die Lenkerhöhe und der Abstand zwischen Sattel und Lenker (nicht bei allen Herstellern möglich!) individuell positioniert.

Die richtige Sattelhöhe

Zuerst sollte eine grobe Voreinstellung der Sattelhöhe vorgenommen werden. Das erleichtert die spätere Abstimmung der genauen Position, da dann nur noch kleinere Anpassungen notwendig sind.

Voreinstellung der Sattelhöhe

Stellen Sie sich dazu neben das Rad, ertasten Sie mit der Hand, die dem Rad am nächsten ist, den oberen Rand ihres Beckens. Stellen Sie nun den Sattel auf diese Höhe ein.

Nun können Sie sich auf das Rad setzen. Eventuell ist dann noch einmal eine Feineinstellung der Sattelhöhe notwendig.
Die Sattelhöhe ist richtig eingestellt, wenn
    __ die Kniegelenke an der tiefsten Stelle der Pedalbewegung
       («6 Uhr»-Stellung/«unterer Totpunkt») noch leicht gebeugt sind,
    __ die Füße sich bei der Einstellung parallel zum Boden befinden und
    __ der Fußballen sich über der Pedalachse bzw. im Kontakt zum vorderen
       Pedalkorbende befindet.

Feineinstellung der Sitzhöhe

Woran erkennt man eine zu hohe Satteleinstellung?

— Die Hüften bewegen sich beim Treten seitlich auf und ab.
— Die Fußspitzen zeigen stets zum Boden, um die Höhendifferenz auszugleichen.
— Die Kniegelenke «schlagen durch».
— Der Teilnehmer hüpft (besonders bei schnellen Trittfrequenzen) auf dem Sattel. (Dies kann übrigens auch ein Zeichen für einen zu geringen Widerstand sein.)

Woran erkennt man eine zu niedrige Sattelposition?

— Die Kniegelenke sind in allen Pedalpositionen stets stark gebeugt und gelangen bei vorgeneigter Körperhaltung zwischen die Unterarme.

Welche Folgen hat eine fehlerhafte Satteleinstellung?

— Uneffektive Kraftentwicklung,
— eventuelle Schäden / Schmerzen in den Kniegelenken.

Die richtige Sattelneigung

Der Sattel sollte möglichst parallel zum Boden eingestellt werden. Die Sattelspitze zeigt nach vorne. Bei nach oben zeigender Sattelspitze kann es zu schmerzhaften Druckstellen und Verletzungen im Gesäß- und auch Schambereich kommen. Bei abgesenkter Sattelspitze hat man das Gefühl, vom Sattel herunterzurutschen.

Die richtige Lenkerhöhe

— richtet sich nach der Sattelhöhe
— und liegt normalerweise auf gleichem Niveau wie der Sattel.

Abweichungen sind möglich.

— Bei Rückenbeschwerden sollte eine höhere (= bequemere) Lenkereinstellung gewählt werden.
— Für eine «sportliche Fahrweise» in Anlehnung an eine Rennradposition: Der Lenker befindet sich unterhalb der Sattelhöhe (für Untrainierte und Anfänger nicht unbedingt zu empfehlen, da Rückenbeschwerden provoziert werden können). Dies erfordert in jedem Fall eine feste Muskelspannung im Rumpfbereich, damit die Armmuskulatur (Trizeps) und die Nackenmuskulatur (Trapezius) nicht mehr als unbedingt erforderlich belastet werden.

Die richtige Entfernung zwischen Sattel und Lenker (falls einstellbar)

— Die Entfernung nicht zu nah einstellen, da sonst die Sitzposition sehr aufrecht ist. Der Oberkörper sollte ca. 45–60° in Vorneigung liegen.
— Außerdem ist zu beobachten, dass bei zu naher Sitzentfernung zum Lenker die Ellenbogen gestreckt und die Schultern in Richtung Ohren gezogen werden. Eventuelle Folgen sind Nackenverspannungen.

Die richtige Einstellung der Entfernung ermöglicht eine bequeme, leicht vorgebeugte Körperhaltung.

Faustregel

Bei parallel zum Boden verlaufender Kurbelstellung steht der vordere Unterschenkel senkrecht nach unten zum Boden.

Die richtige Sattel-Lenker-Entfernung

Körperhaltung

Nun ist das Rad auf die individuellen Körpermaße eingestellt, und wir können lostreten. Die Grundposition bei allen sitzenden Fahrtechniken sieht folgendermaßen aus:

— Ellenbogengelenke sind gebeugt, Schultern und Nacken entspannt.

— Der Oberkörper ist ca. 45–60° nach vorne gebeugt.

— Die Bauchmuskulatur ist fest (leicht anspannen).

— Der Rücken ist gerade (keinen «Buckel» machen).

Andernfalls drohen Verspannungen im Nackenbereich und eine zu hohe statische Belastung der Trizeps-Muskulatur (Oberarmrückseite).

Die richtige Fahrweise

— Die Fußballen stehen über der Pedalachse, oder

— die Fußspitze hat Kontakt zum Pedalkorb.

— Die Befestigungsriemen der Pedalkörbe sind festzuziehen.

— Achtung: Die Schnürsenkel unter die Befestigungsriemen oder in die Schuhe stecken.

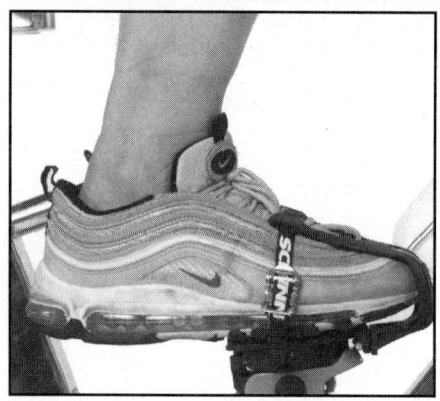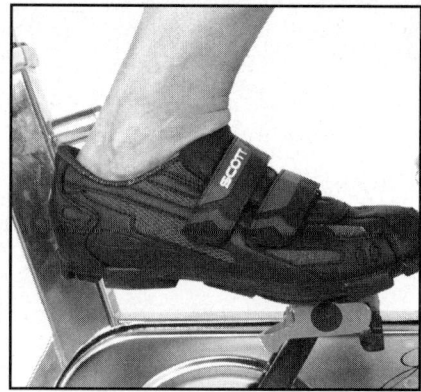

Der «runde Tritt»

Um einen ökonomischen Bewegungsablauf zu erhalten, muss die Tretbewegung trainiert werden. Aus gesundheitlicher Sicht werden durch achsengerechte Bewegungen alle aktiven und passiven Strukturen, also Gelenke, Muskeln, Sehnen und Bänder, optimal belastet. Eine Voraussetzung für eine gute Trettechnik ist die richtige Sitzposition. Nachdem Sattel und Lenker die korrekte Höhe haben, ist besonders die Position der Füße auf den Pedalen zu kontrollieren. Die Knie befinden sich bei der Tretbewegung in einer Linie zwischen Füßen und Hüftgelenken. Bei X- und O-Beinen ist darauf besonders zu achten. In der Tretbewegung sollten die Knie immer in der Ebene parallel zur Längsrichtung des Rades bleiben. Oft beschreiben die Knie in der Tretbewegung eine «Achterbahn», sodass man erst lernen muss, die Knie aktiv zu stabilisieren, um eine gerade Bewegung zu erreichen.

 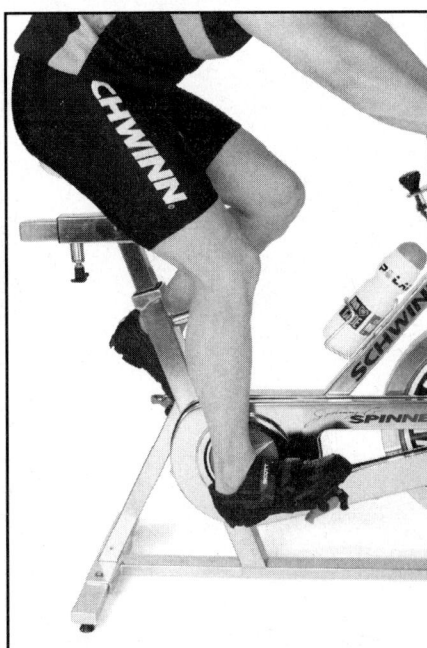

Druckphase Anfang Ferse tief   **Druckphase Ende**

Eine ökonomische Fahrtechnik zeichnet sich durch den sog. «runden Tritt» aus. Hierbei kommt es zum Einsatz von Druck- und Zugphase.

— In der 1. Hälfte der Pedalumdrehung nach vorne überwiegt der Krafteinsatz der Muskulatur der Oberschenkelvorderseite, der Waden und des Gesäßes (Bild 1+2).

— Nach Erreichen des «unteren Totpunkts» («6 Uhr»-Stellung des nach unten zeigenden Kurbelarms) setzt üblicherweise das gegenüberliegende Bein ein und übernimmt mit seiner Abwärtsbewegung die Aufwärtsbewegung des anderen Beines (Bild 3).

— Bei der Aufwärtsbewegung (Zugphase) der Beine / Kniegelenke werden der Hüftbeuger, der Schienbeinmuskel und die Muskulatur der Beinrückseite aktiv mit eingesetzt. Das Bein wird aktiv angehoben und dadurch leichter (Bild 4).

— Es kommt zu einem gleichmäßigen und runden Bewegungsablauf während des gesamten Tretzyklus (Druck- und Zugphase).

— Die gesamte Beinmuskulatur wird dadurch effektiv eingesetzt.

 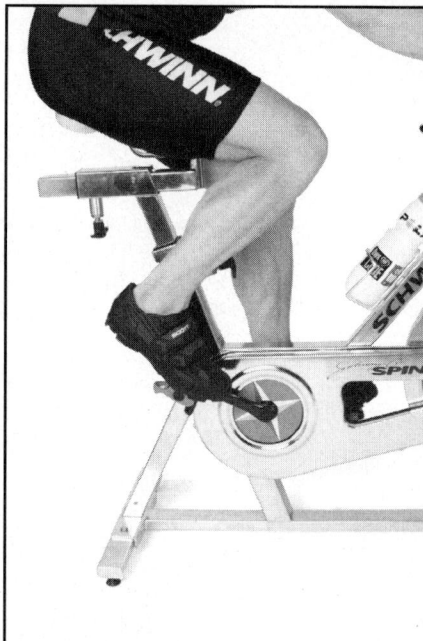

Zugphase Anfang Ferse hoch   Zugphase Ende

Grundfahrtechniken

Zur abwechslungsreichen und gleichermaßen interessanten Kursgestaltung stehen einige unterschiedliche Fahrtechniken zur Verfügung.

Flachfahrt im Sitzen

— leichter bis mäßiger Widerstand

— Körperhaltung: wie beschrieben

— Tempo ist normal bis zügig (zum Takt der Musik)/bpm (beats per minute): 90–120

Flachfahrt im Sitzen

Griffposition:

— Daumen liegen am Lenker oben

— Finger sind entspannt

— Hände liegen entweder schulterbreit oder eng aneinander auf dem Lenker

Die Griffposition bei Flachfahrten im Sitzen: enge Handstellung

Die Griffposition bei Flachfahrten im Sitzen: schulterbreite Handstellung

Diese Grundfahrtechnik wird eingesetzt bei:

— Warm-up
— Cool-down
— Pause zwischen zwei intensiveren Belastungsphasen
— aerobem Ausdauertraining im Hauptteil

— hoher bis starker Widerstand

— Tempo: ca. 45–65 bpm/90–130 bpm (Ein Tempo weit unter 45 bpm ist
nicht unbedingt günstig, da dabei zu hohe Gelenkbelastungen auftreten,
es ist uneffektiv, und das Zeitlupentempo wird schnell langweilig; siehe
auch das Kapitel «Wie hängen Takt und Trittfrequenz zusammen?», S. 50)

Hügel- und Bergfahrten im Sitzen

Griffposition:

— Hände sind mindestens schulterbreit voneinander entfernt

— Handballen liegen am Lenker auf

— Finger sind geöffnet

Die schulterbreite Griffposition bei Hügel- und Bergfahrten im Sitzen

Fuß-/Pedalstellung:
— am oberen Totpunkt: Fußspitze leicht nach oben zeigend
— am unteren Totpunkt: Fußspitze leicht nach unten zeigend
— Fußgelenk locker, nicht zu fest
— Druckpunkt am Fuß deutlich an der Pedalposition zwischen 2 und 4 Uhr zu spüren

Einsatz:
— beim Warm-up mit gemäßigtem Widerstand
— bei Belastungsphasen / Bergfahrten im Hauptteil
— zur Kräftigung der Bein- und Gesäßmuskulatur

Hügel- und Bergfahrten im Stehen

— Widerstand und Tempo wie bei Hügel- und Bergfahrten im Sitzen
— Gesäß hat keinen Kontakt zum Sattel
— Körperschwerpunkt fast über dem Sattel (Gesäß auf «Tuchfühlung» zur Sattelspitze)

Hügel- und Bergfahrten im Stehen

Griffposition:

— Hände liegen (weit) vorne am Lenkerkopf

— Ellenbogen sind leicht gebeugt

— die Schulter befindet sich nicht über, sondern hinter dem Ellenbogen

— Hände greifen locker um den Lenker (fühlen und nicht klammern)

— Handballen stützen das Gewicht leicht ab

— Schultergürtel und die Arme sind entspannt

Fahrtechnik:
— fließende Trittbewegungen zum Takt der Musik
— leichte, seitliche Oberkörperbewegungen unterstützen die Beinarbeit; dies
wird als der so genannte «Wiegetritt» bezeichnet
— der Körperschwerpunkt liegt über der Kurbelachse
— Verwendung der Technik wie bei «Hügel- und Bergfahrten im Sitzen»

Sprints bergab mit Tempoerhöhung (nur für Fort-geschrittene geeignet)

— mäßiger Widerstand (nie zu leicht)
— Musiktempo und Trittfrequenz schnell bis sehr hoch
— nur im Sitzen ausführen

Sprinten im Sitzen

Griffposition / Körperhaltung:

— Hände liegen schulterbreit auf dem Lenker

— Rumpfmuskulatur ist fest angespannt

— Ellenbogen sind gebeugt

— Schultern und die Nackenmuskulatur sind locker

— Oberkörper ist in Vorlage, d. h., eine Schnellfahr-Sprintposition wird angedeutet

Fußstellung:

— Fußgelenke sind fixiert; dabei zeigen die Fußspitzen stets leicht nach unten

— es ist nahezu kein Druckpunkt am Fuß zu spüren

— ist der Widerstand zu leicht eingestellt, kommt es zu einem deutlichen Hüpfen des Gesäßes: Pedale «überholen» die Beine

Gefahren beim Sprinten:

— die Pedalbewegung kann nicht mehr kontrolliert werden

— Füße rutschen aus den Pedalkörbchen

— dadurch können Verletzungen entstehen

Korrektur:

— Widerstand so lange erhöhen, bis das «Hüpfen» ruhiger wird

— Tempo reduzieren und den Sprint langsam abbrechen

— mehr Kraft in die Beine legen

Sprints als Überholmanöver

— Sitz- und Griffposition wie bei «Sprints bergab mit Tempoerhöhung» (S. 46)

— ein imaginäres Überholmanöver wird ausgeführt

— der Widerstand wird leicht oder auch massiv für die Zeit des Überholens erhöht, und die Trittfrequenz wird beibehalten (Tempo 90–130 bpm)

— bei starkem Widerstand hebt sich das Gesäß sogar leicht vom Sattel ab, ohne den Kontakt zu verlieren

Vorteile gegenüber Sprint bergab:

— bessere Kontrolle und höhere Sicherheit
— sehr effektiver Krafteinsatz der Bein- und Gesäßmuskulatur
— auch Einsteiger können diese Technik sofort mitfahren

Bodenwellen / Springen / Jumps (für Fortgeschrittene)

— mittlerer Widerstand
— Tempo zügig
— Musik zügig und beschwingt
— Hände schulterbreit voneinander entfernt

Jumps in Folge

Bewegungsausführung:

— kleine, gleichmäßige Bewegung
— rhythmisches Auf und Ab des Gesäßes aus dem Sattel heraus nach oben
(z. B. je 8 Bodenwellen/Jumps während des Refrains zum Takt der Musik
oder ggf. einen gesamten Titel nur mit Bodenwellen füllen)
— keine Bewegung nach vorne in Richtung Lenker

Anforderung an Teilnehmer und Instructor:

— hohe Konzentrations- und Koordinationsleistung
— körperliche Belastung kann sehr hoch werden
— starke statische Beanspruchung der Oberschenkelmuskulatur

Joggen und Rennen (Running)

— zügige Trittfrequenz und Musiktempo
— Joggen etwas langsamer als Rennen (zügiges Hügeltempo)
— Bewegung und Beanspruchung ähnlich wie bei den Jumps
— teilweise jedoch (wesentlich) längeres Fahren zu zügigem bis schnellem Musiktempo ohne Sattelkontakt
— Joggen auch für Anfänger geeignet (bpm 100)
— Rennen für Fortgeschrittene geeignet (bpm 120)

Running

Bei der Griffposition ist besonders zu beachten:
— Hände schulterbreit entfernt
— wenig Belastung der Handflächen / Arme
— nicht klammern
— Daumen liegen auf dem Lenker

Bei der Fahrtechnik ist besonders zu beachten:
— Beinmuskulatur wird statisch hoch belastet
— Oberkörper muss gut fixiert werden
— Gesäß hat fast Kontakt zur Sattelspitze

Technik-Variationen

Abweichungen zu den o.g. Fahrtechniken sind nur bedingt möglich. Die Technik-Variationen sollten unkompliziert und auch von Anfängern schnell umgesetzt werden können. Darüber hinaus muss das konditionelle Leistungsvermögen und die spezielle Erfahrung der Kursteilnehmer bei der Auswahl der Fahrtechniken vom Instructor berücksichtigt werden.

Zum Beispiel Zwischenspurts

— kurzzeitiges Erhöhen / Verdoppeln der Trittfrequenz sowohl am Berg als auch in der Ebene

Zum Beispiel Gegenwind

— wie Überholmanöver, nur mehr Variationsmöglichkeiten in der Abstufung der Windstärken

Wie hängen Takt und Trittfrequenz zusammen?

Zwischen dem Musiktempo (bpm = beats per minute) und der Bewegung (hier: Trittfrequenz) besteht, wie auch beim Aerobic und allen anderen musikorientierten Kurs- und Sportarten, eine enge Beziehung. Dynamik und Takt der Musik bestimmen beim Indoor-Cycling die Höhe der Trittfrequenz. Eine komplette Kurbelumdrehung («revolution per minute» = rpm) entspricht jedoch nicht immer einem «beat per minute» (bpm) in der Musik.

Es kann innerhalb eines Titels vorkommen, dass die Trittfrequenz verdoppelt oder auch halbiert wird (bei fortgeschrittenen Fahrtechniken). Abhängig ist dies vom technischen und konditionellen Leistungsvermögen der Kursteilnehmer, von der Art der Musik und der Erfahrung des Kursleiters.

Eine kurzzeitige Verdoppelung der Trittfrequenz kann zum Beispiel während einer lang andauernden Bergfahrt mit langsamem Musiktempo das Gefühl eines Zwischenspurts vermitteln. Dies bringt darüber hinaus auch noch Abwechslung in das Training. Bei einem solchen Zwischenspurt am Berg sollte der Widerstand übrigens nicht verändert werden, um tatsächlich einen Bergsprint zu simulieren.

Natürlich funktioniert diese Methode auch umgekehrt. So kann eine Flachstrecke mit zügigem Tempo interessanter werden, wenn plötzlich eine kurze Bergetappe auftaucht, bei der das Tempo halbiert und gleichzeitig der Widerstand erhöht werden muss. Auf der Bergspitze angelangt, geht es mit einem Sprint in doppeltem Tempo wieder abwärts, bevor das ursprüngliche zügige Grundtempo auf flacher Strecke wieder aufgenommen wird. Während dieses Streckenabschnitts verändert sich der Takt der Musik nicht, sondern nur die Trittfrequenz und der Widerstand.

Im Vergleich zum Aerobic ist beim Indoor-Cycling jedoch eine Bewegung ohne Takt immer möglich. Teilnehmer, die Schwierigkeiten mit dem Rhythmus bzw. mit dem Takthalten haben, kommen daher gern in diese Kurse.

Ausrüstung

Folgende Ausrüstungsgegenstände benötigt man für einen Indoor-Cycling-Kurs:
— gepolsterte Radhose
— Handtuch

— Trinkflasche mit Trinkaufsatz
— Herzfrequenz-Messgerät
— ggf. Oberteil aus Synthetik / Funktionshemden
— ggf. Radschuhe mit Klick-System und spezielle Pedale

Unerlässlich für jeden Teilnehmer ist eine spezielle **Radhose** mit gepolstertem Einsatz. Hierdurch werden Druckschmerzen durch das ungewohnte Sitzen auf dem harten Radsattel vermieden. Zu beachten ist, dass die Radhose ohne Unterwäsche bzw. Slip getragen wird, um Reibungsbeschwerden durch zusätzliche Nähte zu vermeiden. Achten Sie beim Kauf einer Radhose darauf, ob das eingenähte Polster groß (für Männer) oder etwas kleiner (für Frauen) ist. Die Hose sollte so eng sitzen, dass sie keine Falten wirft.

Fahren Sie möglichst nicht mit langen Jogginghosen oder weiten Shorts. Es kann dadurch zu Wärmestau und unangenehmen Abschürfungen («Wolf») an den Oberschenkelinnenseiten kommen, wenn die Nähte auf der schweißfeuchten Haut reiben.

Beim Indoor-Cycling fehlt der kühlende Fahrtwind. Es kommt dadurch zu einer größeren Schweißbildung als beim Fahrradfahren im Freien. Deshalb wird ein **Handtuch** (in Griffnähe) benötigt, um sich während des Kurses die Hände für einen sicheren Halt am Lenker abtrocknen und sich den Schweiß aus dem Gesicht wischen zu können.

Der Flüssigkeitsverlust wird für eine Kurseinheit von ca. 45 Minuten mit ca. 750 – 1000 Milliliter beziffert. Eine gut gefüllte **Fahrradflasche** mit Apfelschorle, kohlensäurearmem Mineralwasser oder isotonischen Getränken darf also in keinem Fall fehlen, um den Flüssigkeits- und Mineralienverlust ausgleichen zu können. Trinken Sie immer wieder während des Kurses einen kräftigen Schluck.

Besonders wichtig zur exakten Belastungssteuerung ist die Nutzung eines **Herzfrequenz-Messgeräts**. Achten Sie darauf, dass die Herzfrequenz-Ober- und Untergrenzen entweder manuell eingegeben oder sogar automatisch angezeigt werden können, um die Belastungsbereiche für die verschiedenen Fahrkurse festzulegen.

Funktionstrikot, Radschuhe und spezielle **Systempedale** sind nicht unbedingt erforderlich, tragen aber sehr effektiv zur Verbesserung des

Wohlbefindens auf dem Indoor-Cycling-Rad bzw. zur Tritttechnikverbesserung bei.

Was das Schuhwerk angeht, haben Laufjogging- und Aerobicschuhe oft eine zu weiche Sohle bzw. eine spezielle Dämpfung. Das Dämpfungssystem kann durch die Belastung auf den Pedalen beschädigt werden. Außerdem wird das Fußgewölbe durch die punktuelle Dauerbelastung sehr stark deformiert. Je fester die Sohle ist, umso weniger Beschwerden haben Sie mit Druckempfindlichkeiten an der Fußsohle oder auch durch «eingeschlafene Zehen». Deshalb wählen Sie am besten spezielle Radschuhe mit einer festen, stabilen Sohle. Die Schuhe sollten auch nicht zu klein sein, da sich der Fuß während des Trainings durch die erhöhte Blutzufuhr vergrößert.

Komplette Ausrüstung für das Indoor-Cycling

Musik

Eines der wichtigsten Elemente des Indoor-Cycling-Trainings stellt die Musik dar. Neben der Geschwindigkeit ist vor allem die Lautstärke ein wichtiges Steuerinstrument, mit dem die Intensität hervorragend bestimmt werden kann. Erfahrene Kursleiter benutzen zumeist speziell für Indoor-Cycling zusammengemischte Musik. Der Vorteil dabei ist, dass der Tonträger (Kassette oder CD) für die verschiedenen Phasen und Fahrtechniken ausgelegt ist und der Takt bzw. die «beats per minute» durchgängig beibehalten werden. Dies ist bei normal aufgenommenen Musikstücken zumeist nicht der Fall.

Bei der Musikauswahl muss darauf geachtet werden, dass die Titel der Fahrgeschwindigkeit angepasst sind. Es können nahezu alle Musikrichtungen zur Trainingsgestaltung verwendet werden. Dancefloor, Klassik, Funk, Hip-Hop, Folk, Instrumental, World Music, House und auch Rockmusik begleiten beispielsweise den virtuellen Trip durch die Berge oder den imaginären Weg vom Strand nach Hause.

Sowohl das Tempo als auch der Takt der Musik (der deutlich und klar erkennbar sein sollte), die Lautstärke und Dynamik beeinflussen die Intensität. Langsame und träge Musikstücke werden eher zu kraftintensiven Bergfahrten einladen als fröhliche, schnelle Titel, die wiederum zu zügiger Fahrweise bis hin zum Sprinten einladen.

Stimmungsvolle Instrumentalstücke eignen sich besonders zur Visualisierung von Streckenabschnitten.

Bei der Untermalung der Trainingseinheit mit Musik ist darauf zu achten, dass sie nicht zu einseitig ausgewählt wird, da sonst schnell Monotonie und Langeweile aufkommen können. Verwenden Sie Musik, die Ihnen gut gefällt, versuchen Sie sich auf die Stimmung der Musik einzulassen und stellen Sie sich dazu einen passenden Streckenverlauf vor, den Sie dann durchfahren.

Die ideale Geschwindigkeit der Musik liegt bei ca. 90–120 bpm (beats per minute). Bei diesem Musiktempo können alle Fahrtechniken sicher und effektiv durchgeführt werden. Zählen Sie einfach über zehn Sekunden die Takte eines Titels mit und multiplizieren Sie sie dann mit sechs. Dann erhalten Sie die exakte Anzahl der bpm.

Folgende Punkte sollten Sie bei Ihrem Training unbedingt beachten:

— Denken Sie immer daran, dass ein Indoor-Cycling-Rad keinen Leerlauf oder Rücktritt hat. Nur wenige Hersteller bieten Räder auch mit einem speziellen Freilauf an, ohne dass das typische Fahrgefühl beim Indoor-Cycling verloren geht.

— Machen Sie sich mit dem Bremssystem des Indoor-Cycling-Rades vertraut, und probieren Sie vor Trainingsbeginn die Notbremse aus.

— Bringen Sie Sattel und Lenker auf die für Sie optimale Position.

— Fixieren Sie Ihre Füße am Pedal, und verstauen Sie die Schnürsenkel der Schuhe unter dem Pedalriemen oder im Schuh (besser und sicherer sind Klickpedale und Radschuhe mit Klettverschluss).

Zu den besonderen Problemen, die beim Indoor-Cycling auftreten können, gehört z. B. die fehlende Möglichkeit zur objektiven Bestimmung der Belastungsintensität am Gerät. Zur optimalen Belastungssteuerung empfehlen wir daher unbedingt das Tragen von Herzfrequenz-Messgeräten.

Zu Herz-Kreislauf-Problemen kann es durch das Fehlen der «physiologischen Koordinationsbremse» kommen. So muss z. B. beim Aerobic jeder Einsteiger zunächst Schrittkombinationen und Choreographien lernen, um erst einmal ein Körpergefühl zu entwickeln, bevor er sich stärker belasten kann. Auf dem Indoor-Cycling-Rad kann man vom ersten Tag an «volle Kraft voraus» fahren. Einerseits ist dieser Umstand ein Vorteil – andererseits birgt dies die Gefahr der Überbelastung.

Beim Indoor-Cycling trifft man auf einige Konzepte, die mit sehr viel «Kreativität» ausgestattet wurden. Dazu gehören «exotische» Fahrtechniken oder parallel zum Treten durchgeführte Übungen zur Kräftigung der Arm- und Rumpfmuskulatur. Sogar Choreographien für Beine und Arme, wie man sie aus Aerobic-Kursen kennt, werden angeboten, um sich von den einfacheren und klassischen Indoor-Cycling-Programmen abzusetzen. Von solchen Kursen raten wir ab. Die Kursinhalte sollten sich ausschließlich auf das Training der Ausdauer beziehen. Zwar wird mit dem Training automatisch auch eine Verbesserung der Beinkraft erreicht, aber allgemeine Übungen zur Kräftigung sollten entweder im Anschluss an das Indoor-Cycling-Training oder in zusätzlichen Kursen durchgeführt werden.

Das Training

Der Gesundheits-Check

Die aktive Teilnahme an Indoor-Cycling-Kursen setzt ein Mindestmaß an körperlicher Leistungsfähigkeit voraus. Diese gilt es unbedingt vorab zu bestimmen und gesundheitliche Risiken auszuschließen. Meist wird das in den Einrichtungen durchgeführt, wo auch die Kurse stattfinden, jedoch können und sollten Sie sich selbst ein Bild von Ihrem Leistungsvermögen machen. Dies ist wichtig, um entscheiden zu können, ob Sie an einem Anfänger- oder Fortgeschrittenenkurs teilnehmen oder ob Einschränkungen vorliegen, die besser zunächst behoben werden sollten, bevor Sie mit dem Kurs beginnen. Im Wesentlichen dienen diese Checks:

— der Identifikation und dem Ausschluss medizinischer Kenngrößen für die Durchführung körperlicher Aktivität,

— der Identifikation und dem Ausschluss von Krankheitssymptomen und Risikofaktoren, die vor Aufnahme des Trainingsprogramms behandelt werden müssen,

— der Identifikation von individuellen Besonderheiten, die zu Beginn des Programms bekannt sein müssen.

Besonders der Ausschluss gesundheitlicher Risiken ist dabei von Bedeutung, aber auch die Ermittlung der individuellen Leistungsfähigkeit sollte zur Optimierung des Trainings im Mittelpunkt stehen.

Dabei ist es gar nicht zwingend notwendig, sich aufwendigen Testverfahren zu unterziehen. Bereits einfache Verfahren, die sich zu Hause durchführen lassen, können Ihnen einen ersten Eindruck vermitteln. Gehen Sie dabei jedoch umsichtig vor und «beschummeln» Sie sich nicht. Sollten Sie allerdings über 35 Jahre alt sein und längere Zeit aktiv keinen Sport betrieben haben, raten wir dringend, vor Beginn des Indoor-Cycling-Programms einen Arzt aufzusuchen, der mit Ihnen zusammen das Trainingsprogramm bespricht und Ihnen auch eine Empfehlung für die optimale Trainingspulsfrequenz geben kann.

Vor Beginn des Kurses sollten Sie unbedingt die nachfolgenden Fragen beantworten. Sie dienen dazu, wesentliche Probleme zu finden, die auf jeden Fall den Besuch eines Arztes nach sich ziehen würden.

Bitte lesen Sie die Fragen sorgfältig durch und beantworten Sie sie ganz ehrlich mit einem eindeutigen «Ja» oder «Nein».

1. Hat Ihr Arzt Ihnen jemals gegenüber geäußert, dass Sie Probleme mit dem Herz-Kreislauf-System haben **und** dass Sie körperliche Aktivitäten nur nach Rücksprache mit ihm aufnehmen sollten?

ja ☐ nein ☐

2. Verspüren Sie Schmerzen in der Brust, wenn Sie sich körperlich betätigen?

ja ☐ nein ☐

3. Haben Sie in den letzten Monaten Schmerzen in der Brust gehabt, ohne aktiv zu sein?

ja ☐ nein ☐

4. Leiden Sie unter Schwindelgefühlen und verlieren dadurch manchmal Ihr Gleichgewicht, oder haben Sie schon mal das Bewusstsein verloren?

ja ☐ nein ☐

5. Haben Sie Knochen- oder Gelenkprobleme, die sich durch körperliche Aktivität verschlimmern?

ja ☐ nein ☐

6. Nehmen Sie regelmäßig Medikamente gegen Herz-Kreislauf-Probleme ein?

ja ☐ nein ☐

7. Kennen Sie einen anderen Grund, weshalb Sie körperlich nicht aktiv sein sollten?

ja ☐ nein ☐

Wenn Sie von den oben genannten sieben Fragen **eine** oder **mehrere** Fragen mit «Ja» beantwortet haben, sollten Sie vor Aufnahme des Trainings unbedingt mit Ihrem Arzt sprechen. Es könnte sein, dass Sie trotzdem alle Aktivitäten ausführen können, die Sie wollen, jedoch langsam und unter ständiger Kontrolle. Oder aber Sie müssen ganz bestimmten Einschränkungen folgen, die Ihnen Sicherheit bieten.

Wenn Sie **alle** Fragen ehrlich mit «Nein» beantwortet haben, dann können Sie beginnen, sich Ihrer Leistungsverbesserung zuzuwenden. Beginnen Sie jedoch auch in diesem Fall langsam und steigern Sie die Belastung vorsichtig.

Sollte sich Ihr Gesundheitszustand jedoch im Laufe des Trainingsprogramms verändern, oder Sie würden eine der Fragen auf einmal mit «Ja» beantworten, dann sollten Sie sofort Rücksprache mit Ihrem Trainer und Ihrem Arzt halten.

Der persönliche Fitness-Check

Im Anschluss an den problemlos absolvierten Gesundheits-Check gilt es Ihren persönlichen Fitnessstatus zu ermitteln. Dies ist zum einen wichtig, damit Sie wissen, wo Sie stark sind und wo Sie Schwächen haben. Er hilft Ihnen zur Einschätzung Ihrer persönlichen Leistungsfähigkeit und kann Ihnen, regelmäßig alle 6–8 Wochen durchgeführt, auch anzeigen, ob und wie Sie sich verbessert haben.

Auch wenn Sie ausschließlich an einem Indoor-Cycling-Programm teilnehmen wollen, in dem primär das Herz-Kreislauf-System, der Stoffwechsel und die Muskelkraft trainiert werden, ist es notwendig, Ihre gesamte Fitness (z. B. auch die Beweglichkeit) zu prüfen. Denn nur wenn alle körperlichen Komponenten harmonisch abgestimmt entwickelt werden, verbessert sich Ihr Fitnesszustand insgesamt. Eine einseitige Ausrichtung genügt nicht, Ihre Leistungsfähigkeit insgesamt zu verbessern.

Aus diesem Grund haben wir einen kleinen Fitnesstest (IPN-Mini-Fitnesstest) zusammengestellt, der alle wesentlichen Aspekte der körperlichen Leistungsfähigkeit berücksichtigt. Sie können ihn jederzeit zu Hause alleine durchführen und auch zur Trainingskontrolle nutzen. Denn nichts ist motivierender, als zu erkennen, dass man sich auf dem richtigen Weg befindet und «fitter» wird. Bevor Sie den Test durchführen, sollten Sie einige wesentliche Grundsätze beachten, damit das Testergebnis nicht verfälscht wird. Diese Grundbedingungen gilt es auch bei allen Testwiederholungen konsequent einzuhalten.

— Tragen Sie während des Tests angenehme, weite Kleidung, die Sie nicht behindert.
— Trinken Sie in den letzten 24 Stunden vor Durchführung des Tests ausreichend.
— Vermeiden Sie Essen, Tabak, Alkohol und Koffein mindestens drei Stunden vor Beginn des Tests.
— Belasten Sie sich am Vortag des Tests ausreichend, sodass Sie nicht übermüdet sind.

Sollte eine dieser Voraussetzungen einmal nicht gegeben sein, so verschieben Sie den Test einfach auf einen anderen Tag.

Der Mini-Fitnesstest verrät Ihnen schnell, wie fit Sie sind und wo Ihre Stärken/Schwächen liegen – einfacher geht es kaum. Entwickelt wurde der Test vom Kölner Institut für Prävention und Nachsorge (IPN).

Für den Test brauchen Sie:
— eine normale Tageszeitung
— einen Tisch
— einen Stuhl
— einen Stapel Bücher oder einen anderen Gegenstand von ca. 30 cm Höhe
— eine Stufe (Treppenhaus)
— eine Stoppuhr
— Papier und Bleistift

Der Test besteht insgesamt aus fünf Übungen, von denen die ersten zwei Übungen Ihre Beweglichkeit testen, Übung 3 und 4 zeigen an, wie kräftig Sie sind, und mit Übung 5 prüfen Sie die für das Indoor-Cycling so wichtige Ausdauerleistungsfähigkeit. Alle Ergebnisse der Testübungen zeigen an, wie fit Sie wirklich sind. Wer bei allen Übungen die angegebenen Richtwerte erreicht, ist «durchschnittlich» fit. Ihr Ziel sollte es also sein, mehr als diese Richtwerte durch das Training in allen Übungen zu erreichen. Achten Sie besonders darauf, bei welcher Übung Sie schlechter abgeschnitten haben, damit Sie zusammen mit Ihrem Trainer parallel zum Indoor-Cycling ein spezielles Trainingsprogramm dafür durchführen können.

Vor Beginn des Tests sollten Sie sich ca. 5–10 Minuten leicht aufwärmen, z. B. durch etwas Gymnastik oder langsames Laufen auf der Stelle. Zwischen den einzelnen Tests sollten Sie jeweils kleinere Pausen einschieben. Behalten Sie die beschriebene Reihenfolge des Tests jedoch wenn möglich bei.

Übung 1: Beweglichkeit

Ausgangsposition:

Setzen Sie sich mit gestreckten Beinen in Ihrer Wohnung rückwärts vor eine Wand und lehnen Sie sich mit geradem Rücken an (A).

Durchführung:

Neigen Sie den Oberkörper ohne Schwung so weit nach vorne, wie es geht. Atmen Sie dabei ruhig aus.

Variation 1:

Halten Sie dabei eine Tageszeitung im Querformat senkrecht über das Knie und berühren Sie sie mit der Nase – 3 Sekunden halten.

Variation 2:

Falten Sie die Tageszeitung der Länge nach in der Mitte und versuchen Sie die Oberkante mit der Nase zu berühren – 3 Sekunden halten.

Variation 3:

Legen Sie die Zeitung fort und versuchen Sie nun Ihre Knie mit der Nasenspitze zu berühren – 3 Sekunden halten.

Auswertung:

Variationen		
Alter	_Frauen_	_Männer_
15–25	3	3
26–30	2	2
31–40	2	1
41–50	1	1
51–70	1	1

Ausgangsposition:

Legen Sie sich neben einen Tisch, sodass das Tischbein etwa in Höhe Ihres Hüftgelenks ist. Strecken Sie Ihre Beine und ziehen Sie die Fußspitzen an.

Durchführung:

Jetzt führen Sie ein Bein (das andere bleibt gestreckt auf dem Boden liegen) so weit wie möglich nach oben. Dabei können Sie Ihre Hände zu Hilfe nehmen. In der Endposition 3 Sekunden halten. Führen Sie diese Übung auch mit dem anderen Bein durch.

Stufe 3:

Bein konnte über 90° Neigung hinter das Tischbein gezogen werden.

Stufe 2:

Bein erreichte das Tischbein (= 90°).

Stufe 1:

Bein konnte nicht bis zum Tischbein angehoben werden.

Auswertung:

Stufe		
Alter	*Frauen*	*Männer*
15–25	3	2
26–30	2	2
31–40	2	2
41–50	1	1
51–70	1	1

Ausgangsposition:

Legen Sie sich rückwärts auf den Boden und winkeln Sie die Knie und Füße jeweils rechtwinklig an. Falten Sie die Arme und Hände über der Brust. Zu Ihren Füßen liegt ein kniehoher Bücherstapel oder ein anderer Gegenstand von ca. 30 cm Höhe.

Durchführung:

Wie lange schaffen Sie es, ohne Atemprobleme und Muskelzittern aufzurollen und oben auf den Bücherstapel zu schauen und den Buchtitel zu lesen? Wichtig dabei ist, dass der untere Rücken (die Lendenwirbelsäule) auf dem Boden liegen bleibt.

Auswertung:

Haltezeit in Sekunden		
Alter	*Frauen*	*Männer*
15–25	28	28
26–30	27	28
31–40	23	27
41–50	22	23
51–70	17	19

Ausgangsposition:

Setzen Sie sich auf die vordere Kante eines Stuhles ohne Polsterung. Die Füße dabei etwa schulterbreit auseinander stellen und das Kniegelenk ca. 90° beugen, d.h., Ober- und Unterschenkel bilden einen rechten Winkel. Richten Sie sich im Sitz so auf, dass der Rücken gerade ist, und legen Sie einen Arm nach hinten auf den unteren Rücken (Lendenwirbelsäule).

Durchführung:

Wie oft schaffen Sie es, innerhalb von 30 Sekunden problemlos so weit aufzustehen, dass die Beine gestreckt sind? Bei Bedarf können Sie mit der anderen Hand am Tisch das Gleichgewicht halten, ohne sich jedoch abzustützen.

Auswertung:

Anzahl		
Alter	*Frauen*	*Männer*
15–25	27	30
26–30	24	29
31–40	21	27
41–50	20	24
51–70	19	21

Übung 5: Ausdauerleistungsfähigkeit

Ausgangsposition:

Stellen Sie sich mit geschlossenen Beinen vor eine Treppenstufe. Vor Beginn des Tests bestimmen Sie den Ruhepuls in einer entspannten Situation (am besten direkt morgens vor dem Aufstehen im Bett), indem Sie die Pulsschläge über eine Minute lang zählen.

Durchführung:

Die Stufe im Steigrhythmus drei Minuten lang auf- und absteigen (mit Beinwechsel). Der Steigrhythmus ist dabei abhängig vom Körpergewicht:

bis 60 kg: 30-mal pro Minute (rauf und runter = 1-mal)

61–80 kg: 25-mal pro Minute

81–100 kg: 20-mal pro Minute

Nach den drei Minuten sofort den Puls erfühlen und über eine Dauer von 15 Sekunden den Belastungspuls messen. Den ermittelten Wert mit vier multiplizieren, daraus ergibt sich das Resultat des Tests.

Auswertung:

Alter	Frauen	Männer
Bis 45	Max. 60–70 Schläge/Min. über dem Ruhepuls	Max. 50–60 Schläge/Min. über dem Ruhepuls
Über 45	Max. 55–60 Schläge/Min. über dem Ruhepuls	Max. 45–55 Schläge/Min. über dem Ruhepuls

Haben Sie diesen Test durchgeführt, sind Sie über Ihren derzeitigen Fitnesszustand grob informiert. Sollten irgendwelche Auffälligkeiten auftreten, dann besprechen Sie ein mögliches Trainingsprogramm mit Ihrem(r) Trainer/in. Kontrollieren Sie alle sechs bis acht Wochen Ihre Leistungsfähigkeit erneut, um zu erkennen, ob das Programm anschlägt und Sie richtig trainieren oder ob sich noch kein Erfolg eingestellt hat. Dann sollten Sie auf jeden Fall Ihr Trainingsprogramm ändern. Entweder war die Belastung dann zu hoch oder zu niedrig.

Als Alternative bzw. Ergänzung zum Mini-Fitnesstest können Sie natürlich auch einen meist umfangreicheren Fitnesstest in Ihrem Studio oder Verein durchführen. Diese aufwendigeren Verfahren führen zu noch exakteren Daten Ihrer Leistungsfähigkeit, sind jedoch für Anfänger in der Regel nicht unbedingt notwendig. Hier reicht der Mini-Test durchaus. Bei hohem Fitnessniveau und dem Wunsch nach exakter Trainingsplanung mit gezielter Leistungsverbesserung muss es jedoch ein komplexeres Testverfahren (wie z. B. ein Fahrradergometer-Test) sein, weil nur darüber exakt zu differenzierende individuelle Trainingsempfehlungen abzuleiten sind. Grundsätzlich sollten Sie vor jeder Aufnahme einer neuen körperlichen Belastung Ihre momentane Leistungsfähigkeit bestimmen. Ein Test gehört zu jedem erfolgreichen Training – sei er nun einfach oder sehr aufwendig. Beginnen Sie daher Ihr Indoor-Cycling-Programm immer nur nach einer Bestimmung Ihrer Leistungsfähigkeit und Belastungsgrenze. Beides orientiert sich dabei aber nicht nur am körperlichen Zustand, sondern auch an Ihren Wünschen und Zielen. Erst wenn die Trainer/innen dies alles berücksichtigen, wird das Programm den von Ihnen gewünschten Erfolg bringen.

Was ist bei gesundheitlichen Problemen zu beachten?

Indoor-Cycling bei Herz-Kreislauf-Erkrankungen

Für die meisten Patienten mit einem Herzinfarkt oder einer Bypass-Operation ist das Ergometerradfahren ein wichtiger Teil der Rehabilitation. Unter Aufsicht von Ärzten und Sporttherapeuten wird mit einem Ergometertraining die Belastbarkeit in Grenzen wiederhergestellt. Möchte der Patient dann sein Training auf einem Indoor-Cycling-Rad fortführen, muss das Training gut beobachtet werden, da auf einem Indoor-Cycling-Rad der Tretwiderstand (beim Ergometer in Watt angegeben) nicht genau erfasst werden kann. Daher ist hier zu beachten, dass die Intensitäten und Umfänge gering bis sehr gering sind und ständig kontrolliert werden müssen, damit es zu keinen Überlastungssituationen kommt.

Mit einer Variation der Belastung muss sehr vorsichtig begonnen werden. Zum einen wird der Organismus zwar vielseitiger gefördert, dennoch ist die Grenze zur Überbeanspruchung oft nicht weit entfernt.

Eine Indoor-Cycling-Stunde bei Herz-Kreislauf-Erkrankungen, aber auch bei nicht manifesten Problemen (z. B. Bluthochdruck), muss also entsprechend angepasst werden. Intensive Techniken, die zu einem vermehrten Blutdruck- und Herzfrequenzanstieg führen, wie das Springen und Sprinten, sollten aus dem Programm genommen werden. Die plötzlichen Steigerungen von Leistung oder Trittfrequenz sollten grundsätzlich vermieden werden. Patienten mit Herz-Kreislauf-Erkrankungen sollten die Belastung immer mit einer Pulsuhr kontrollieren und sie in einem gesonderten Trainingsplan dokumentieren. Bevor mit einem Training begonnen wird, ist selbstverständlich eine ärztliche Untersuchung durchzuführen und eine Befürwortung des Arztes einzuholen. Zudem sollten die Trainingsherzfrequenzwerte mit dem Sporttherapeuten und dem Arzt festgelegt werden. Wichtig ist es zu beachten, dass die Trainingsherzfrequenzen durch Medikamente (z. B. Betablocker) verschoben sein können.

Indoor-Cycling bei Diabetes und Stoffwechselerkrankungen

Für Personen mit Diabetes und anderen Stoffwechselerkrankungen (z. B. Hypercholesterinämie) eignet sich ein gemäßigtes Ausdauertraining sehr gut, da es ausgezeichnet zu steuern und die Gefahr eines zu hohen Blutzuckerabfalls besser kontrollierbar ist. Durch körperliche Bewegung wird der Stoffwechsel trainiert, sodass sich die Glukosetoleranz verbessert. Dadurch steigt der Blutzucker bei Aufnahme von Kohlenhydraten weniger stark an, infolgedessen ist weniger Insulinzufuhr nötig. Allerdings führt körperliche Bewegung bei Diabetikern zu einem stärkeren Blutzuckerabfall als bei Gesunden. Daher sollten folgende Vorsichtsmaßnahmen getroffen werden:

Der Sport sollte regelmäßig und zu gleicher Zeit mit einer ähnlichen Intensität durchgeführt werden, damit die Insulinmenge sowie die Ernährung darauf eingestellt werden können. Die Insulindosis kann aufgrund der Bewegung um ca. 20 Prozent gesenkt werden. Sie sollte vor der Fahrt zum Sportstudio injiziert werden, damit die Anstrengung nicht mit der maximalen Insulinwirkung zusammenfällt.

Vor dem Sport sollte eine kleine, kohlenhydratreiche Mahlzeit eingenommen werden, ein kleiner Snack alle 30 Minuten hilft den Blutzuckerspiegel zu stabilisieren.

Der Kursleiter, in der Regel ein Diplom-Sportlehrer, sollte in der Lage sein, Anzeichen der Unterzuckerung wahrzunehmen und mit zuckerhaltigen Lebensmitteln (Traubenzucker) entsprechende Gegenmaßnahmen einzuleiten.

Im Extremfall – der aber vermeidbar ist, indem auch der Diabetiker die eigene Befindlichkeit ständig überprüft – sollten bei einem hypoglykämischen Schock Glukoseinjektionen bereitstehen.

Aus organisatorischen Gründen muss der Diabetiker in der Regel nach 20–30 Minuten, also in der Mitte der Trainingsstunde, ein zuckerhaltiges Getränk zu sich nehmen.

Weitere Vorteile des Indoor-Cyclings für Diabetiker ist die Möglichkeit, das Körpergewicht zu reduzieren (wichtig bei Altersdiabetes), und die Prävention von Folgeerkrankungen wie Fettstoffwechselstörungen, Hochdruck oder Arteriosklerose. Nicht zuletzt wird mit Sport eine gesunde Lebensweise angeboten, die Spaß macht. Besonders Diabetiker müssen sich in vielen Dingen einschränken, sodass Indoor-Cycling eine Bereicherung darstellen kann.

Die Intensitäten sind oft individuell sehr unterschiedlich. Es gibt sogar Leistungssportler mit Diabetes. In der Regel aber liegt der Trainingsbereich in einem leichten bis mittleren Bereich. Die Herzfrequenzen und Trittfrequenzen sollten sich wie folgt errechnen:

— maximale Trainingsherzfrequenz = 180 – Lebensalter
— Trainingsbereich = maximale Trainingsherzfrequenz – 40 S/Min.
— Durchschnittspuls über die Trainingseinheit =
  160 – Lebensalter +/– 10
— Trittfrequenzen von 50–110 U/Min.

Eine Pulssteuerung ist auch für Diabetiker unerlässlich, damit es durch zu hohe Intensitäten nicht zu einer schnellen Unterzuckerung kommt.

Indoor-Cycling bei zu hohem Cholesterin

Auch bei Störungen des Cholesterinhaushalts ist das Indoor-Cycling eine geeignete Maßnahme, den Problemen zu begegnen. So kann ein herzfrequenzgesteuertes Training im gemäßigten Belastungsbereich die Fettverbrennung deutlich erhöhen und dazu beitragen, dass die Cholesterinwerte reduziert und das «gute» Cholesterin (HDL) wieder Oberhand gewinnt (siehe dazu auch S. 116, «Training zur Gewichtsreduktion»).

Indoor-Cyling bei Asthma und Atemproblemen

Es ist verwunderlich, zu welchen Leistungen Asthmatiker fähig sind. Nicht wenige Profiradfahrer leiden unter dieser Erkrankung und können mit entsprechender medikamentöser Unterstützung ihren Sport ausüben. Ausgelöst werden kann ein Asthmaanfall durch die übermäßige Sorge, einen Asthmaanfall zu bekommen. Aber auch zu große Belastung kann ein «Anstrengungsasthma» auslösen. Sport hilft zum einen, den Körper besser kennen zu lernen und damit Selbstvertrauen zu bekommen und somit eine psychische Auslösung zu vermeiden. Allerdings sollte eine Überanstrengung aus oben genannten Gründen vermieden werden. Die Atemnot entsteht, wenn sich die Bronchien durch Abkühlung verengen. Daher sollte die Umgebungsluft warm und feucht sein. Die Luft in Kursräumen mit Indoor-Cycling erfüllt in der Regel diese Bedingungen alleine durch die Wärmeabstrahlung und das Schwitzen der Teilnehmer. Für Asthmatiker eignet sich die intervallartige Belastung des sportlichen Indoor-Cycling besser als ein gleichförmiges Training, da die Auskühlungsphase der Bronchien kürzer ist, sodass sich die Gefahr eines Asthmaanfalls verringert. Allerdings sollte die Grundintensität unter der Auskühlungsschwelle der Bronchien liegen. Diese ist sehr individuell, sodass nur allgemeine Anhaltspunkte gegeben werden können. Jeder Teilnehmer mit Asthma sollte seine individuellen Grund- und Spitzenbelastungsmöglichkeiten kennen.

Ist es zu einem Anfall gekommen, kann der Asthmatiker nach Abklingen der Atemnot mit dem Training fortfahren. Es kann zu keinem neuen Anfall kommen, da erst wieder ein neues Potenzial der Vermittlersubstanz (Histamin) aufgebaut werden muss. Asthmatiker sollten die Trainingsintensität mit dem Arzt sowie einem Sporttherapeuten absprechen. Als Orientierung dient eine leichte Grundbelastung mit kurzen und intensiven Intervallen.

Indoor-Cycling für Personen mit orthopädischen Beschwerden

Die Gruppe der Personen mit Erkrankungen und Problemen am Stütz- und Bewegungsapparat ist sehr groß und vielschichtig. Besonders häufig sind Rücken und Wirbelsäule, aber auch Hüft- und Kniegelenke betroffen. In höherem Alter finden sich hier vor allem arthrotische Veränderungen. Hierbei wird der Knorpel aufgebraucht, sodass die Gelenk- und Bewegungsfunktion immer weiter eingeschränkt wird. Aber auch rheumatisch-entzündliche Erkrankungen sind zu finden, vor allem in den kleinen Gelenken von Händen und Füßen. Mit Indoor-Cycling können die körperlichen Funktionen verbessert oder erhalten werden. Besonders für Hüft- und Kniegelenke bedeutet das Sitzen auf dem Fahrrad eine Entlastung mit einer gleichzeitig schonenden Bewegung, die zudem noch achsengerecht und gut kontrolliert durchgeführt werden kann. Außerdem verlangt das Fahren auf dem Standfahrrad wenig motorische Feinkoordination, sodass auch Sporttreibende mit Problemen am Bewegungsapparat wenig eingeschränkt sind. Viel Bewegung bei niedriger Belastung kann mit dazu beitragen, dass die Gelenke in ihrer Funktion wiederhergestellt werden.

Besondere Beachtung verlangt allerdings, dass die Techniken «Jumps» und «Running» nicht eingesetzt und zudem alle Belastungsspitzen vermieden werden, um die Gelenke nicht übermäßig zu strapazieren. Daher ist eine Leistungsbegrenzung ebenfalls sinnvoll, wobei Indoor-Cycling-

Räder mit einer Watteinstellung zu empfehlen sind. Besonders berücksichtigt werden muss die exakte Haltungs- und Bewegungsausführung. Dazu gehört auch die genaue Einstellung der Sitzposition. Bei Rückenbeschwerden sollte der Oberkörper lediglich in eine leichte bis mittlere Vorbeuge gebracht werden. Um die Rückenmuskulatur nicht nur einseitig zu beanspruchen, sollten dennoch alle Griffhaltungsvariationen durchgeführt werden. Grundsätzlich ist der Lenker über Sattelhöhe einzustellen, und der Sattel-Lenker-Abstand sollte weit genug sein.

Sitzposition bei Rückenproblemen

Teilnehmer und Kursleiter sollten auf die achsengerechte Führung aller beteiligten Gelenke achten, sodass die Gelenke optimal belastet werden. Dabei stehen die Knie immer in einer Linie von Fuß- und Hüftgelenk.

Die Herz-Kreislauf-Belastung wird über eine Pulsmessung gesteuert, wobei die Hauptkonzentration aber immer auf eine gelenkschonende Bewegung gerichtet sein soll. Die Intensität des Herz-Kreislauf-Systems orientiert sich an den Vorgaben für untrainierte gesunde Personen. Treten Schmerzen in den Gelenken auf, sollte die Intensität durch weniger Widerstand reduziert werden. Bei akuten Schmerzen vor dem Training darf das Training nur mit Rücksprache mit dem Arzt und Sporttherapeuten durchgeführt werden. Der Kursleiter ist darüber in jedem Fall zu informieren.

Das Vorher und Nachher

Ein Training beinhaltet nicht nur die spezifische Belastung mit ausgewählten Trainingsmethoden, sondern ebenso die Vorbereitung darauf (Aufwärmen) und das Einleiten eines aktiven Regenerationsprozesses (Cool-down, Dehn- und Lockerungsübungen). Auch das ist Teil des Trainings und trägt dazu bei, dass die aktuelle Leistung optimal vorbereitet bzw. die Erholungszeit kürzer wird.

Aufwärmen

Die günstigsten körperlichen Voraussetzungen für ein Training liegen dann vor, wenn durch ein aktives Aufwärmen die Körper- und somit auch die Muskeltemperatur erhöht ist. Durch die erhöhte Körpertemperatur sind alle an der folgenden Belastung beteiligten Körperstrukturen (z. B. Muskeln, Sehnen, Bänder, aber auch alle Stoffwechselvorgänge) bestmöglich für eine Leistung vorbereitet, und dadurch werden Verletzungen vermieden. Dies geschieht im Indoor-Cycling durch ein lockeres Fahren von etwa 5 – 10 Minuten ohne großen Widerstand und mit gemäßigter Trittfrequenz.

Cool-down

Nach dem Hauptteil eines Indoor-Cycling-Kurses folgt üblicherweise das Cool-down. Als deutschen Begriff würde man das Wort «Auslaufen» wählen, wobei sich dieser Begriff sportartspezifisch auf das Laufen bezieht. «Cool-down» trifft sprachlich diesen Teil des Trainings genauer, weil damit eine unspezifische, aktive Wiederherstellungsphase direkt im Anschluss an eine Belastung gemeint ist. Durch das Cool-down können alle Regenerationsprozesse des Körpers schneller erfolgen, als dies beispielsweise mit absoluter Ruhe direkt nach der Belastung der Fall wäre.

Die Cool-down-Phase beträgt beim Indoor-Cycling 5–10 Minuten. Direkt nach dem Hauptteil werden Widerstand und Trittfrequenz vermindert, es wird «ausgefahren», bis sich die Herzfrequenz in etwa dem Anfangswert angenähert hat. Als grobe Faustregel gilt, dass die Herzfrequenz einen Wert unter 100 erreicht haben sollte. Danach erfolgt ein Dehnprogramm, bei dem die hauptsächlich beim Indoor-Cycling beanspruchte Muskulatur gedehnt wird. Auch diese Dehn- und Lockerungsübungen nach einer Belastung erleichtern dem Körper die Erholung und setzen die erforderlichen Regenerationsprozesse in Gang.

Dehn- und Lockerungsübungen

Beispielhaft stellen wir Ihnen die Dehn- und Lockerungsübungen vor, die nach einem Indoor-Cycling-Kurs durchgeführt werden sollten. Sie finden einmal Übungen auf dem Indoor-Cycling-Rad für den Oberkörper, da die statische Griffposition und die Oberkörpervorneigung leicht dazu führt, dass der gesamte Schulter-Nacken-Bereich verspannt ist. Eine Dehnübung für die Wadenmuskulatur kann noch auf dem Rad ausgeführt werden, ansonsten werden alle weiteren Übungen für die Beine neben dem Rad bzw. auf dem Boden durchgeführt.

Übung 1: Dehnung der hinteren Oberarmmuskulatur

Durchführung:

— Den rechten Arm hinter den Kopf auf die linke Schulter legen. Mit der linken Hand das rechte Ellenbogengelenk fassen und leichten Druck Richtung Kopf ausüben.

— Etwa 20 Sekunden halten.

— Die Seite wechseln.

Übung 2: Dehnung der Nackenmuskulatur

Durchführung:

— Den Kopf zur linken Seite legen (mit dem Ohr Richtung Schulter). Dabei die rechte Hand nach unten und etwas zur Seite ziehen.

— Etwa 20 Sekunden halten.

— Die Seite wechseln.

Übung 3: Dehnung der Brustmuskulatur

Durchführung:

— Die Arme nach oben/hinten führen. Dabei beachten, dass die Arme gebeugt sind und die Ellenbogen auf Schulterhöhe nach hinten geführt werden.

— Etwa 20 Sekunden halten.

Übung 4: Lockerung der Schultern

Durchführung:

— Beide Schultern etwa fünf Mal langsam nach vorne und dann auch nach hinten kreisen. Arme dabei locker lassen.

Übung 5: Dehnung der oberen Rückenmuskulatur

Durchführung:

— Die Hände falten und nach vorne strecken. Das Kinn auf die Brust nehmen, einen runden Rücken formen, als ob Arme, Schultern, Rücken auseinander gezogen würden.

— Etwa 10 Sekunden halten und noch zwei Mal wiederholen.

Übung 6: Dehnung der hinteren Wadenmuskulatur

Durchführung:

— Mit den Unterarmen auf den Lenker abstützen. Das rechte hintere Bein strecken und die Ferse nach unten drücken. Den Rücken dabei gerade halten.

— Etwa 20 Sekunden halten.

— Die Seite wechseln.

Übung 7: Variation zur Dehnung der hinteren Wadenmuskulatur

Ausgangsposition:

Frontal vor dem Rad stehend.

Durchführung:

__ Linken Fuß schräg gegen den Rahmen lehnen und die Hüfte nach vorne führen, bis eine Dehnung zu spüren ist. Die Hände können dabei den Lenker festhalten und sich damit abstützen.

__ Etwa 20 Sekunden halten.

__ Die Seite wechseln.

Übung 8: Dehnung der vorderen Oberschenkelmuskulatur

Ausgangsposition:

Neben dem Rad stehend.

Durchführung:

— Mit der linken Hand am Rad festhalten. Die rechte Hand umfasst hinter dem Körper den rechten Fuß. Die Knie sollten auf gleicher Höhe sein; der Körper bleibt ganz gestreckt.

— Etwa 20 Sekunden halten.

— Die Seite wechseln.

Leichtere Variation:

Die Übung ist leichter, wenn man ein Handtuch um den Fuß schlingt und es an den Enden, also mit etwas Abstand, festhält.

Übung 9: Dehnung der hinteren Oberschenkelmuskulatur

Ausgangsposition:

Schräg neben dem Rad stehend.

Durchführung:

— Das linke Bein auf den Rahmen zwischen Lenker und Sattel legen. Den Oberkörper leicht nach vorne führen, bis eine Dehnung zu spüren ist.

— Etwa 20 Sekunden halten.

— Die Seite wechseln.

Schwerere Variation:

Wer sehr dehnfähig ist, kann bei dieser Übung das Bein auf den Lenker legen.

Übung 10: Dehnung der Gesäßmuskulatur

Ausgangsposition:

Auf einer Matte sitzend.

Durchführung:

__ Den rechten Fuß auf das linke Knie legen. Mit den Händen auf der Matte abstützen.

__ Etwa 20 Sekunden halten.

__ Die Seite wechseln.

Beispiele für Fahrkurse

Nun folgen beispielhaft die Vorführungen verschiedener Fahrkurse, angepasst an die unterschiedlichen Zielgruppen und Trainingsziele. Die Darstellung des Einführungskurses ist sehr ausführlich. Insbesondere wird eine genaue Beschreibung des Ablaufs einer Stunde präsentiert, die auch auf alle anderen Kursarten übertragbar ist.

Einführungsstunde

In einer Einführungsstunde sollten die Teilnehmer über die Grundlagen des Indoor-Cycling informiert werden. Diese Informationen sollten in den Stundenablauf integriert sein. Neben dem Einstellen und der Funktion des Räder sollte das Einüben der Intensitätssteuerung über die Pulsuhr erklärt werden. Eventuell verwendete Trainingskarten sollten gemeinsam ausgefüllt werden. Im weiteren Verlauf der Stunde sollte ein normales Training erfolgen, während dessen es immer wieder Informationen zur Belastungssteuerung und Fahrtechnik gibt. Auch motivierende oder animierende Aspekte sollen den Teilnehmer zur Fortsetzung des Trainings veranlassen. Weitere Informationen betreffen die Steuerung der Belastung über die Trittfrequenz. Bei gesundheitsorientierten Gruppen gilt es zudem Gefahren einer Über- und Fehlbelastung zu erkennen und zu benennen.

Stundenverlauf

Eine Stunde beginnt mit der Begrüßung der Teilnehmergruppe. Jeder Teilnehmer sucht sich ein Fahrrad aus und legt dort Handtuch und Trinkflasche ab. Ein Herzfrequenz-Messgerät sollte am Lenker befestigt werden, sodass die HF-Anzeige immer eingesehen werden kann. In der Anfangsphase kann auch schon eine leise Startmusik laufen, die den Beginn der Stunde ankündigt. Der Trainer sollte jedem Teilnehmer persönlich eine Trainingskarte geben, auf der die individuellen Trainingsherzfrequenzen angezeigt werden. Sie kann auch am Lenker befestigt

Trainingskarte (Vorderseite)

Name:	Geburtsdatum:
Vorname:	

Adresse:	Telefon:

Mitgliedsnummer:	Mitglied seit:

Gesundheitliche Beschwerden/Probleme:

Medikamente:

Ruheherzfrequenz (RHF):

Maximalherzfrequenz (MHF):

Trainingsherzfrequenzen (letzter Check/Datum):

Positionsmaße auf dem Bike

1. Sitzhöhe:	Skalierung
2. Sitzentfernung:	Skalierung
3. Lenkerhöhe:	Skalierung
4. Lenkerentfernung:	Skalierung

werden. Die Räder werden auf die individuellen Positionsmaße eingestellt. Die individuelle Einstellung der Sitzhöhe wird im Kapitel «Sitzposition» (S. 32) erklärt. Die Sitzlänge und die Höhe des Lenkers können
(falls vorhanden) durch entsprechende Zahlenmarkierungen schnell
eingestellt werden. Die entsprechenden Zahlenmarkierungen werden

Trainingskarte (Rückseite)

Datum															
HF 1															
Borg															
HF 2															
Borg															
HF 3															
Borg															
HF 4															
Borg															

Datum															
HF 1															
Borg															
HF 2															
Borg															
HF 3															
Borg															
HF 4															
Borg															

Erklärung:
HF 1: Herzfrequenz zu Beginn des Trainings
HF 2: Herzfrequenz nach dem Aufwärmen
HF 3: Herzfrequenz nach Hauptteil
HF 4: Herzfrequenz nach dem Cool-down
Borg: subjektive Befindlichkeit nach der Borg-Skala

Sobald die Trainingskarte voll ist, bitte neuen Ausdauerleistungs- und Fitnesstest durchführen lassen

ebenfalls auf der Trainingskarte vermerkt. Für neue Teilnehmer ohne Trainingskarte sollte die Ersteinstellung gründlich erklärt und auf einer Karte festgehalten werden.

Bevor nun losgefahren wird, sollte das subjektive Befinden angegeben und die Ausgangsherzfrequenz ermittelt werden. Mit einer Steigerung des Musiktempos kann das Training beginnen. Die Teilnehmer sollten versuchen, mit Hilfe des HF-Messgeräts die Herzfrequenz auf einem unteren bis mittleren Wert zu stabilisieren (50–65 Prozent). Anschließend kann eine Übungssequenz zur Mobilisation und besseren Beweglichkeit erfolgen. Ein weiterer Teil besteht darin, einen guten Bewegungsablauf mit einer achsengerechten Bewegung der Beine zu finden. Nachdem auch verschiedene Griffpositionen gezeigt wurden, kann die Trittfrequenz auf eine mittlere Frequenz gesteigert werden. Diese Steigerungen sollten nur bis zur individuellen Grenze gehen und sehr kontrolliert durchgeführt werden. Da mit einer Trittfrequenzsteigerung bei gleichem Widerstand auch immer eine Erhöhung der Leistung und damit der Herzfrequenz erfolgt, ist es wichtig, bei den Steigerungen die Herzfrequenz ständig zu kontrollieren. Ist der obere Trainingsbereich (> 85 Prozent) überschritten, muss der Widerstand zurückgeregelt oder die Tretgeschwindigkeit reduziert werden. Andererseits kann der Widerstand erhöht werden, wenn die obere Herzfrequenz-Grenze nicht erreicht wird und man sich unterfordert fühlt. Allerdings reagiert die Herzfrequenz auf schnelle Steigerungen verzögert, sodass erst nach einiger Zeit die physiologische Beanspruchung zu erkennen ist. Zwischendurch kann sich eine Trainingssequenz mit der richtigen Atmung beschäftigen. Auch im Verlauf der Stunde sollte immer wieder auf die Atmung hingewiesen bzw. Übungen dazu durchgeführt werden.

Der Hauptteil der Stunde kann nach einer der oben genannten Übungssequenzen erfolgen. Der Hauptteil sollte über den Kursleiter und die Musik verdeutlicht werden. Damit verbunden ist auch eine Intensitätssteigerung, die zum Ende des Hauptteils ihren Höhepunkt finden sollte. Je nach Programm sind sowohl Techniken des Radfahrens als auch konditionelle Übungsformen Schwerpunkt.

Dabei eignen sich alle Trainingsformen, vom Intervalltraining bis zum Fahrtspiel. Bei allen Trainingsmethoden sollten die individuellen Grenzwerte beachtet und auch bei hoher Belastung auf saubere Bewegungsabläufe geachtet werden.

Zum Ausklang der Stunde ist ein Cool-down unerlässlich. Hier wird mit geringer Intensität ausgefahren, damit die Regeneration beginnen kann. Atemübungen und einfache gymnastische Übungen für den Oberkörper, wie z. B. Ausschütteln der Arme, Strecken der Arme oder Schulterkreisen, können gut integriert werden. Nach dem Absteigen vom Rad ist die Stunde noch nicht zu Ende. Es sollte noch ein kleines Stretching-Programm angeschlossen werden, wobei vor allem die Bein-, Arm- und Oberkörpermuskulatur gedehnt werden sollte. Zum Abschluss gibt es noch ein Feedback der Gruppe. Mit dem Säubern der Räder vom Schweiß sind die Teilnehmer dann aus der Stunde entlassen.

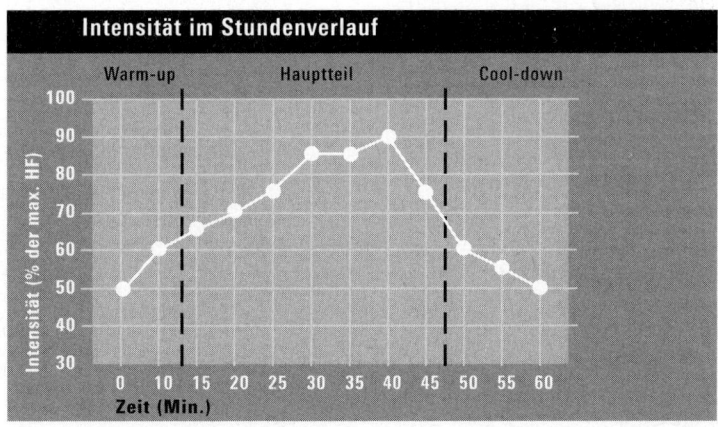

Schematischer Stundenverlauf unter Berücksichtigung der individuellen Grenzen

Kursbeispiel: «All Terrain»

Belastungsbereiche: 65–90 Prozent der max. HF
Zielgruppe: Fitness- und Leistungssportler, Fortgeschrittene und «geübte»
    Einsteiger
Trainingsmethoden: Intervalltraining, Fahrtspiel
Trainingszeit: 40–50 Minuten
Zielsetzung:
— keine spezielle Zielsetzung
— alle Belastungsbereiche (aerob und anaerob) werden trainiert
— Abwechslung durch unterschiedliche Fahrtechniken
— Visualisierung
Fahrtechniken: Es können alle beschriebenen Fahrtechniken verwendet
    werden.

Besonders zu beachten:
   Einsteiger sollten sich bei Fahrtechniken wie Jumps, Running, Sprints
   etwas vorsichtig verhalten und eventuell darauf verzichten.

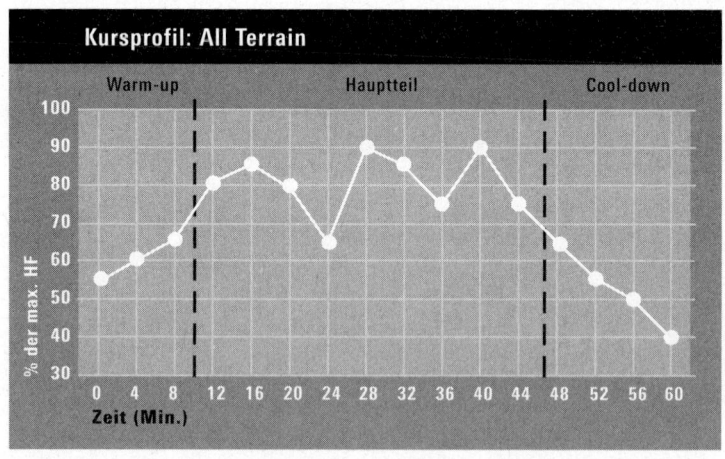

Kursbeispiel: Grundlagenausdauertraining

Belastungsbereiche: ca. 60–85 Prozent der max. HF

Zielgruppe: alle, besonders geeignet für gesundheitsorientiertes Ausdauertraining

Trainingszeit: 40–60 Minuten

Trainingsmethode: kontinuierliche Dauermethode

Zielsetzung:

— aerobes Grundlagenausdauertraining

— Fettstoffwechseltraining / Gewichtsreduktion

— Integration von Einsteigern und Fortgeschrittenen in einem Kurs

— Visualisierung

— Verbesserung der Wahrnehmung und des Körpergefühls durch HF-Messung (Biofeedback)

Fahrtechniken: Flachfahrt im Sitzen, leichte Berge – überwiegend im Sitzen, Running mit geringer Trittfrequenz (Jogging)

Besonders zu beachten:

Ideal umsetzbar mit HF-Messgeräten aus der M-Serie von Polar.

Jeder kann aufgrund der leichten Belastung und unkomplizierten Fahrtechniken teilnehmen.

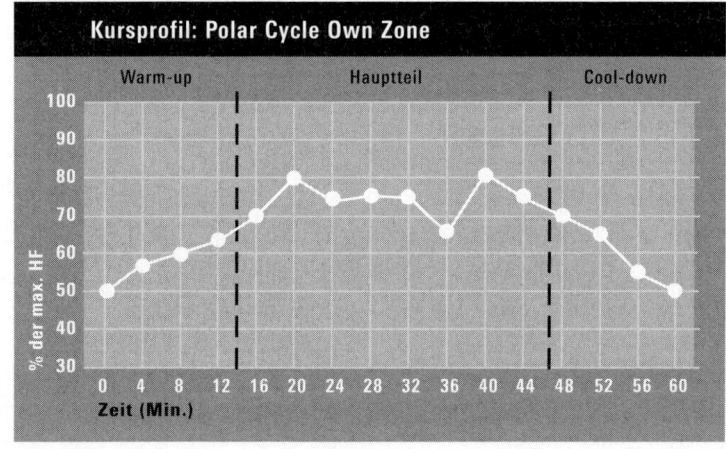

Kursbeispiel: Bergfahrt

Belastungsbereiche: 75–90 Prozent der max. HF
Zielgruppe: Fitness- und Leistungssportler, bedingt Einsteiger
Trainingszeit: 40–50 Minuten
Trainingsmethode: variable und kontinuierliche Dauermethode
Zielsetzung:
— Beinkrafttraining
— lokale Muskelausdauerverbesserung
— Erhöhung des Durchhaltevermögens
— Visualisierung
Fahrtechniken: überwiegend Bergtechniken im Sitzen und Stehen

Besonders zu beachten:

Einsteiger können aufgrund der leicht erlernbaren Technik gut mitfahren. Es besteht jedoch die Gefahr der vorzeitigen Muskelermüdung aufgrund der langen Bergfahrten.

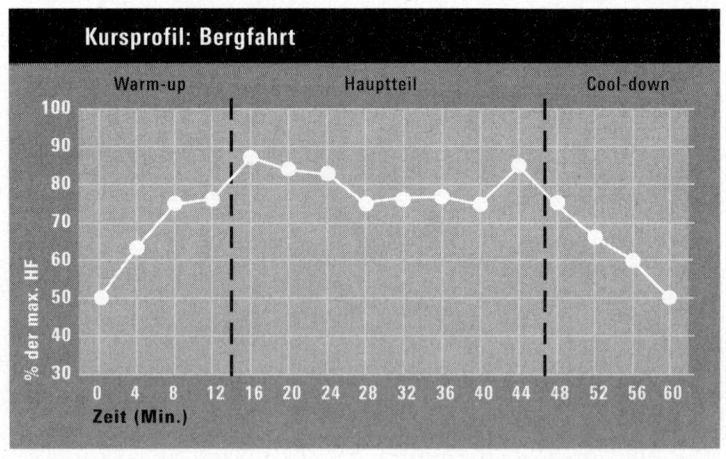

Verschiedene Leistungsstufen
in einem Kurs

Der Vorteil der Gruppenaktivitäten, zu denen Indoor-Cycling-Kurse gehören, ist die Motivation, mit anderen Teilnehmern und dem Instructor zusammen die Übungsstunde zu erleben und das vorgegebene Streckenprofil zu durchfahren. Man wird, verstärkt durch die begleitende Musik, automatisch «mitgerissen» und dazu motiviert, all das mitzumachen, was die anderen Teilnehmer auch schaffen oder der Instructor vorgibt. Unabhängig davon, ob man es unbedingt will oder überhaupt kann. Der Vorteil der Gruppendynamik kann somit durch die Gefahr der körperlichen Überforderung gleichzeitig auch zum Nachteil werden.

Es kommt zu dieser Überforderung, wenn sich Teilnehmer mitreißen lassen, ohne darauf zu achten, ob sie noch genügend Leistungsreserven haben und ob die Belastungsgrenzen vielleicht bereits erreicht oder sogar überschritten wurden.

Ein guter Instructor macht es sich zur Aufgabe, diese Problematik zu erkennen und alternative Streckenprofile und Fahrtechniken innerhalb des Kurses für alle Teilnehmer anzubieten, indem er zum Beispiel neben einer durchgehenden Bergfahrt im Stehen über sechs Minuten eine Alternativstrecke mit Abzweigung nach drei Minuten anbietet, sodass der Teilnehmer entscheiden kann, ob er die letzten drei Minuten weiterhin bergauf fahren oder die Strecke im Sitzen flach fahrend mit niedrigerer Intensität beenden möchte. Damit schafft der Trainer Ausweichmöglichkeiten und «zwingt» nicht alle Aktiven, alles mitzumachen. Zusätzlich kann der Instructor die «leichtere» Streckenalternative selbst mitfahren. Wenn er das macht, sind auch andere Teilnehmer schneller bereit, den leichteren Weg zu nehmen. Wenn er die Teilnehmer parallel zu dieser Maßnahme auch noch individuell anspricht (verbal oder auch visuell) und erkennt, ob jemand aus dem Kurs vielleicht eine zusätzliche Pause benötigt, dann ist der Leistungsdruck erfolgreich aus der Gruppe genommen worden.

Die Programme

Gesundheitsorientiertes Training

Wer ist angesprochen?

Alle Menschen sind daran interessiert, gesund zu sein, zu bleiben oder es zu werden. Sport kann die Gesundheit auf vielen Ebenen verbessern. Mit Indoor-Cycling ist ein Sport entstanden, mit dem ein gesundheitsorientiertes Training für alle möglich ist. Darüber hinaus bietet Indoor-Cycling weitere Vorteile.

Durch das Radfahren auf Standfahrrädern macht sich der Benutzer unabhängig von Witterung und Lichtverhältnissen. Dadurch wird das regelmäßige Training nicht durch äußere Bedingungen gestört und die gesundheitliche Effektivität des Trainings erhöht. Der feste Stand des Indoor-Cycling-Rads ermöglicht auch Personen mit Einschränkungen des Gleichgewichts- oder Orientierungsvermögens die Durchführung eines gesundheitsorientierten Trainings.

Bisher dominieren in den meisten Indoor-Cycling-Kursen Power-Workouts, allerdings wird auch nach leichteren Varianten immer häufiger gefragt. Damit nicht nur Untrainierte, sondern auch Menschen mit gesundheitlichen Einschränkungen diesen Sport ausüben können, müssen die Kursinhalte genau geplant und von einem kompetenten Kursleiter entsprechend durchgeführt werden.

Es gibt mehr Möglichkeiten, Krankheit differenziert darzustellen, als den Zustand von Gesundheit genau zu beschreiben. Unter Gesundheit verstehen viele etwas anderes. Gesundheit ist das Gegenteil von Krankheit, man ist also gesund, wenn keine Krankheitssymptome auftreten. Diese Vorstellung ist von der Medizin des letzten Jahrhunderts geprägt, die den Menschen als Objekt sah. Ein körperlicher Defekt kann diagnostiziert und durch medizinische Hilfe beseitigt werden, ähnlich einer Maschine, die repariert wird.

Die Lebensgesundheit ist eine veränderliche Größe, fühlen wir uns doch mal mehr oder mal weniger wohl. Außerdem beschränkt sich Gesundheit nicht nur auf einen positiven körperlichen Zustand, sondern beinhaltet außerdem noch kognitive, psychische bzw. seelische und soziale Komponenten. Die Zusammenhänge können durch das «Wellnessmodell» dargestellt werden.

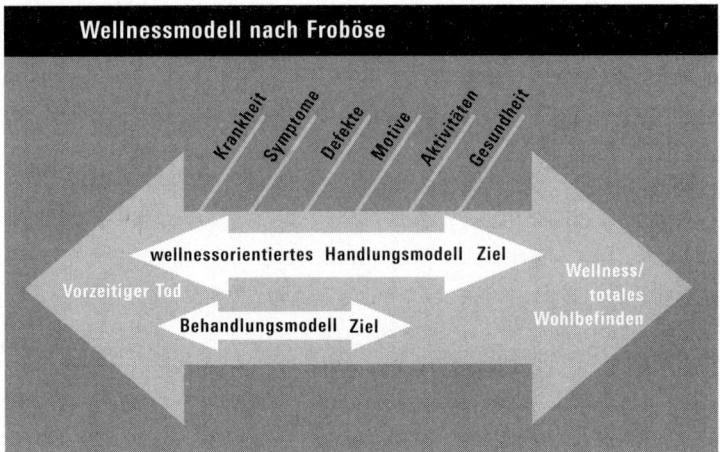

Gesundheit besteht demnach nicht nur aus der Abwesenheit von Krankheit, sondern in dem Streben nach einem persönlichen Wohlbefinden. Mit dieser Definition von Gesundheit sind auch Menschen mit dauerhaften Einschränkungen in der Lage, individuelle Gesundheit zu erlangen. In diesem Zusammenhang spielen Spaß und Erlebnis, Kontakt und Geselligkeit beim Indoor-Cycling eine genauso große Rolle wie die Verbesserung der Leistungsfähigkeit.

Wie kann Indoor-Cycling die Gesundheit verbessern?

In den westlichen Industriegesellschaften gelten die so genannten Zivilisationskrankheiten als Hauptursache für einen vorzeitigen Tod oder das frühe Ausscheiden aus dem Berufsleben. Hier sind es insbesondere die Herz-Kreislauf-Erkrankungen, die eine erhebliche Bedeutung für die vorzeitige Sterblichkeitsrate haben. Allerdings erzeugen Erkrankungen am Stütz- und Bewegungsapparat häufig einen sehr hohen Leidensdruck, da Schmerzen und Bewegungseinschränkungen andauernd präsent sind. Die Ursache ist neben Bewegungsmangel eine nicht ausreichende oder einseitige Beanspruchung des Körpers.

Indoor-Cycling ist eine Ausdauersportart mit niedriger Gelenkbelastung und damit für sehr viele Menschen interessant. Besonders ab dem 50. Lebensjahr kommt es häufig zu Gelenkverschleiß mit verringerter Belastbarkeit. Indoor-Cycling ist eine rein konzentrische Bewegung, bei der keine harten Stöße wie etwa beim Laufen auftreten. Zudem ist der Bewegungsspielraum der Beine durch die Sitzposition und Kurbelbewegung genau definiert. Durch diese gleichmäßig geringe Belastung der Gelenkflächen über einen großen Bewegungsraum wird der Gelenkknorpel optimal ernährt.

Ausdauersportarten wie Radfahren, Jogging oder Walking sowie Schwimmen und auch das Indoor-Cycling gelten seit Jahren als effektive Gesundheitssportarten. Wissenschaftliche Untersuchungen zeigen, dass Menschen, die ein Ausdauertraining kontrolliert ausüben, erheblich bessere Gesundheitswerte erzielen. Wer regelmäßig Sport ausübt, hat weniger Übergewicht, bessere Cholesterinwerte, einen gesünderen Lebensstil und weitere gesundheitliche Vorteile wie höhere Lebensqualität und Lebenszufriedenheit.

Die optimale Dosis für gesundheitsorientiertes Indoor-Cycling

Damit ein sportliches Training die Gesundheit fördert, soll die Belastung optimal und nicht maximal sein. Dazu bedarf es einer Abstimmung der Inhalte und der Trainingsbelastung auf jede Zielgruppe. Darüber hinaus ist den individuellen Voraussetzungen Rechnung zu tragen.

Das Training orientiert sich zwar zum einen stark an Trainingsvorgaben, allerdings dürfen auch Aspekte wie Erlebnis und Wahrnehmung nicht fehlen.

Indoor-Cycling für 30 bis 50-Jährige

Die Motivation der 30 bis 50-Jährigen, etwas für die Gesundheit zu tun, ist wesentlich höher als in jüngeren Jahren. Gewichtsprobleme und Beschwerden treten in diesem Alter erstmals auf. Hier gilt es Gesundheitsschäden vorzubeugen. Durch Bewegungsmangel kommt es zur Zunahme des Körpergewichts in Form von Körperfett. Diese Zielgruppe sollte die Intensitätsbereiche daher mehr im Hinblick auf eine Fettverbrennung und gut entwickelten Grundlagenausdauer festlegen.

Indoor-Cycling für Menschen ab 50 Jahre

Die Gruppe der über 50-Jährigen wird in Deutschland stetig größer. Da in unserer Gesellschaft zudem die Wertschätzung der Jugendlichkeit zuungunsten des Alters immer mehr zunimmt, wird mehr Flexibilität und Bewegung im Alter gefordert. Gegen Ende des Berufslebens und zu Beginn des Ruhestands sind die zeitlichen und finanziellen Rahmenbedingungen oft vorhanden, die Freizeit sinnvoll auszufüllen. Sport hilft besonders in dieser Altersgruppe, beginnende Erkrankungen zu stoppen oder zu verlangsamen. Beispielsweise zeigen Gefäße und Gelenke in diesem Alter ungünstige Veränderungen, die nicht selten zu Herzinfarkten oder Gelenkerkrankungen wie Rheuma oder Arthrose führen. Auch haben Wirbelsäulenerkrankungen als Ursache für Frühberentungen zugenommen. Die Sitzposition sollte daher entsprechend rückenschonend angepasst werden (siehe Kapitel «Sitzposition», S. 32).

Zusammenfassung der Trainingsdaten für ein gesundheitsorientiertes Training (1)

Untrainiert

Max. Herzfrequenz

190 – Lebensalter

Trainingsbereich

zwischen 65 Prozent (Belastungsuntergrenze) und 80 Prozent (Belastungsobergrenze) der max. Herzfrequenz

Trittfrequenz

__ 60 – 110 U / Min.

__ Teilnehmer ab 50 Jahre: 60 – 100 U / Min.

Umfang / Trainingsdauer

1 – 2-mal pro Woche / 30 – 45 Min.

Inhalte

80 Prozent: Dauermethode

20 Prozent: Intervall / Fahrtspiel (extensiv)

Kursbeispiel

__ Einführungskurs

__ Grundlagenausdauertraining bei kontinuierlicher Dauermethode (annähernd gleich bleibende Intensität / Geschwindigkeit)

__ Grundlagenausdauertraining bei variabler Dauermethode (wechselnde Intensitäten / Geschwindigkeit, innerhalb der Belastungsgrenzen bleiben)

__ «All Terrain» bei extensiver Intervallmethode (bis an Belastungsobergrenze), Belastungsdauer 2 – 3 Minuten – Pausendauer mind. $\frac{1}{2}$ der Belastungsdauer (leichte Widerstände, flaches Fahren) – Wiederholungen pro Intervalle: 2 – 3 – Serienpause 3 – 6 Minuten – Serienanzahl 2 – 3

Trainingsplan für eine 40-jährige untrainierte Frau mit gut eingestellter Diabetes (Typ II)

Belastungsuntergrenze: (190 – 40) x 65 Prozent = HF 98
Belastungsobergrenze: (190 – 40) x 80 Prozent = HF 120

Wochentrainingsplan

1. Woche
Di: Einführungskurs 30 Min.
Do: Ausgleichsübungen, leichtes Krafttraining 30 Min.
Fr: kontinuierliche Dauermethode 30 Min. (z. B. Polar-Own-Zone-Kurs)

2. Woche
Di: wie 1. Woche
Do: wie 1. Woche
Fr: variable Dauermethode 30 Min. (z. B. Polar-Own-Zone-Kurs)

3. Woche
Di: wie 1. Woche
Do: wie 1. Woche
Fr: kontinuierliche Dauermethode 45 Min. (z. B. Polar-Own-Zone-Kurs)

4. Woche
Di: kontinuierliche Dauermethode 30 Min. (z. B. Polar-Own-Zone-Kurs)
Do: wie 1. Woche
Fr: variable Dauermethode 45 Min. (z. B. Polar-Own-Zone-Kurs)

5. Woche
Di: kontinuierliche Dauermethode 45 Min. (z. B. Polar-Own-Zone-Kurs)
Do: Ausgleichsübungen → Wiederholungszahl erhöhen, leichte Übungsvariation
Fr: wie 4. Woche

6. Woche
Di: wie 5. Woche
Do: wie 1. Woche
Fr: extensive Intervallmethode 45 Min. (z. B. «All Terrain»)

Zusammenfassung der Trainingsdaten für ein gesundheitsorientiertes Training (2)

Trainiert

Max. Herzfrequenz

200 – Lebensalter

Trainingsbereich

zwischen 65 Prozent (Belastungsuntergrenze) und 85 Prozent (Belastungsobergrenze) der max. Herzfrequenz

Trittfrequenz

__ 60 – 120 U / Min.

__ Teilnehmer ab 50 Jahre: 60 – 110 U / Min.

Umfang / Trainingsdauer

3 – 4-mal pro Woche / 45 – 60 Min.

Inhalte

80 Prozent: Dauermethode

20 Prozent: Intervall / Fahrtspiel (extensiv und intensiv)

Kursbeispiel

__ Einführungskurs

__ Grundlagenausdauertraining bei kontinuierlicher Dauermethode (annähernd gleich bleibende Intensität / Geschwindigkeit)

__ Grundlagenausdauertraining bei variabler Dauermethode (wechselnde Intensitäten / Geschwindigkeit, innerhalb der Belastungsgrenzen bleiben)

__ «All Terrain» bei extensiver Intervallmethode (bis an die Belastungsobergrenze), Belastungsdauer 2 – 3 Min. – Pausendauer mind. $\frac{1}{2}$ der Belastungsdauer (leichte Widerstände, flaches Fahren) – Wiederholungen pro Intervall: 3 – 5, Serienpause 3 – 5 Min., Serienanzahl 2 – 4

__ «All Terrain» bei intensiver Intervallmethode (bis an Belastungsobergrenze), Belastungsdauer 0,5 – 2 Min. – Pausendauer: mind. Belastungslänge, bis ca. 5 Min. (leichte Widerstände, flaches Fahren) – Wiederholungen pro Intervalle: 3 – 5 – Serienpause 4 – 6 Min. – Serienanzahl 3 – 5

Trainingsplan für einen 60-jährigen trainierten Mann mit beginnender Arteriosklerose

Belastungsuntergrenze: (200–60) x 65 Prozent = HF 91

Belastungsobergrenze: (200–60) x 80 Prozent = HF 112

Wochentrainingsplan

1. Woche
Di: Einführungskurs 30 Min.
Mi: Ausgleichsübungen 30 Min.
Fr: kontinuierliche Dauermethode 45 Min. (z.B. Polar-Own-Zone-Kurs)

2. Woche
Di: wie 1. Woche
Mi: wie 1. Woche
Fr: variable Dauermethode 45 Min. (z.B. Polar-Own-Zone-Kurs)
So: extensive Intervallmethode 45 Min. (z.B. «All Terrain»)

3. Woche
Di: kontinuierliche Dauermethode 45 Min. (z.B. Polar-Own-Zone-Kurs)
Mi: wie 1. Woche
Fr: extensive Intervallmethode 45 Min. (z.B. «All Terrain»)
So: extensive Intervallmethode 45 Min. (z.B. «All Terrain»)

4. Woche
Di: variable Dauermethode 45 Min. (z.B. Polar-Own-Zone-Kurs)
Mi: Ausgleichsübungen → Wiederholungszahl erhöhen, leichte Übungsvariation
Fr: variable Dauermethode 45 Min. (z.B. Polar-Own-Zone-Kurs)
So: intensive Intervallmethode 45 Min. (z.B. Bergfahrt)

5. Woche
Di: kontinuierliche Dauermethode 45 Min. (z.B. Polar-Own-Zone-Kurs)
Mi: wie 4. Woche
Fr: extensive Intervallmethode 60 Min. (z.B. «All Terrain»)
So: extensive Intervallmethode 45 Min. (z.B. «All Terrain»)

6. Woche
Di: variable Dauermethode 60 Min. (z.B. Polar-Own-Zone-Kurs)
Mi: wie 4. Woche
Fr: variable Dauermethode 45 Min. (z.B. Polar-Own-Zone-Kurs)
So: intensive Intervallmethode 45 Min. (z.B. Bergfahrt)

Insbesondere bei bereits vorliegenden Einschränkungen müssen zum Ausgleich und zur Verletzungsvorbeugung spezielle Übungen durchgeführt werden. Muskuläre Verkürzungen können mit konsequent absolvierten Dehnübungen vermieden werden. Besonders die Hüftbeuger und die rückwärtige Oberschenkelmuskulatur neigen zu starker Verkürzung. Mangelnde Flexibilität kann dort auch zu Rückenbeschwerden führen, da diese Muskulatur einen großen Einfluss auf die Wirbelsäulenhaltung hat. Die Wade und die Oberschenkelvorderseite sollten gedehnt werden, um Knieschmerzen oder Achillessehnenbeschwerden vorzubeugen. Darüber hinaus ist der gesamte Rücken- und Nackenbereich zu mobilisieren und zu dehnen. (Entsprechende Übungen werden im Kapitel «Das Vorher und Nachher» dargestellt.) Um eine ausgeglichene Fitness zu bekommen, sollten außerdem regelmäßig Bauchmuskelübungen durchgeführt werden, damit die Haltung besser wird und die Rückenbeschwerden verschwinden. Die Bauchmuskulatur sorgt im trainierten Zustand für ein Gegengewicht zu den oft verspannten Rückenstreckern.

Bauchmuskelübungen auf einer Gymnastikmatte

Weitere Kurse mit anderen Inhalten, wie z. B. Krafttraining, sind eine gute Ergänzung zum Indoor-Cycling. Da das Radfahren den Körper nicht in allen Bereichen gleichmäßig entwickelt, sorgen Ausgleichsübungen dafür, dass keine Schmerzen im Nacken und Rücken auftreten. Für Personen, die ein leichtes Krafttraining durchführen möchten, eignet sich z. B. auch das Training mit dem Theraband. Mit diesem einfachen, aber effektiven Fitnessgerät kann auch jemand mit Bewegungseinschränkungen alle Muskeln trainieren. Vielfach werden solche Kurse in Fitnessstudios angeboten.

Übung mit Theraband für den oberen Rücken

Fitnesstraining

Was umfasst Fitness?

Zum Training der allgemeinen Fitness gehört eine Vielzahl von Trainingsinhalten und Zielen. Fitnesstraining bezeichnet ein nicht leistungsorientiertes, unspezifisches Training zur Stabilisierung oder Verbesserung der körperlichen Leistungsfähigkeit. Man ist fit, wenn man sich wohl fühlt und keine körperlichen Einschränkungen im Alltag und im Freizeitverhalten spürt. Inhaltlich orientiert sich ein Fitnesstraining an einem ganzheitlichen, ausgewogenen Training, das sich sowohl aus den Bausteinen Ausdauer-, Kraft- als auch aus Koordinations- und Flexibilitätstraining zusammensetzt. Dabei liegt der Schwerpunkt auf dem Training der Ausdauer, da diesem ein hoher präventivgesundheitlicher Wert beigemessen wird.

Zielgruppe

Alle Kursteilnehmer, die als weitgehend uneingeschränkt belastbar gelten, sind für das Training der allgemeinen Fitness geeignet. Die Zielgruppe ist relativ unspezifisch und weit gefasst, also einfach die Besucher von Fitnessstudios, in denen auch die meisten Indoor-Cycling-Kurse unterrichtet werden. Das Alter der Teilnehmer liegt in der Regel zwischen 20 und 50 Jahren, es sind sowohl Frauen als auch Männer. Man ist gesundheitsbewusst und vielleicht auch sogar leistungsorientiert. Zu den Teilnehmern gehören Unerfahrene und Einsteiger ohne sportliche Vorerfahrung, aber auch fortgeschrittene Spezialisten, z. B. aus dem Rad- und Mountainbikesport. Somit ist dieses Trainingsziel wirklich nahezu für jeden geeignet.

Trainingsdauer und Häufigkeit

Die Länge eines Indoor-Cycling-Kurses beträgt üblicherweise 45 bis 55 Minuten. Gelegentlich bieten Studios auch Doppelkurse an, also eine längere, aber nicht automatisch intensivere Trainingsmöglichkeit. Diese Kurse sind besonders für gut trainierte Sportler geeignet, die ihre Grundlagenausdauer auf ein höheres Niveau bringen möchten.

Voraussetzung für die Teilnahme ist eine entsprechende Belastbarkeit. Dies bedeutet, dass man in der Lage sein sollte, sich auf dem Indoor-Cycling-Rad über ca. 90 Minuten zu belasten. Außerdem ist eine gute allgemeine Konstitution erforderlich. Die Einschränkungen durch «Sitzbeschwerden» auf dem harten Sattel sind nicht zu unterschätzen. Das lange, beschwerdefreie Sitzen muss daher auch trainiert werden. Die richtige Radhose (mit Polster) darf in keinem Fall fehlen.

In der Fachliteratur wird empfohlen, ein allgemeines Ausdauertraining 3–4-mal pro Woche über eine Dauer von mindestens 30 Minuten durchzuführen. Wenn man von diesen Empfehlungen ausgeht, ist die genannte Kurslänge für durchschnittlich Trainierte als ideal anzusehen.

Einsteiger sind zu Beginn ihres Trainings auch mit einer geringeren Trainingsdauer (ca. 30 Minuten) und Häufigkeit (1–2-mal pro Woche) gut ausgelastet und auch in der Lage, sich sowohl leistungsmäßig als auch technisch stark zu verbessern. Nach etwa sechs bis acht Wochen hat sich der Körper so gut an das Training gewöhnt, dass längere und häufigere Belastungen toleriert werden können.

Trainingsintensität

Entscheidend für die Umsetzung des Trainingsziels ist die Berücksichtigung der Belastungsintensität (siehe auch das Kapitel «Grundlagen des Ausdauertrainings», S. 15). Diese Intensitätsangaben sind für jeden Fitnesssportler verbindlich, egal ob Einsteiger oder Fortgeschrittener.

Die Empfehlungen für ein Training der allgemeinen Fitness zum Leistungsaufbau und -erhalt liegen in einem Intensitätsbereich von 65 bis 80 Prozent der maximalen Herzfrequenz. Belastungen über 85 Prozent sind zum speziellen Leistungsaufbau vereinzelt möglich, sollten aber nicht über 90 Prozent hinausgehen.

Der aerobe Trainingsbereich spielt sich im Belastungsbereich bis zu 85 Prozent der max. Herzfrequenz ab. In der Region zwischen 65 und 85 Prozent sollte man sich zur Verbesserung der Fitness zu ca. 80 bis 95 Prozent der Trainingsdauer aufhalten. Im Bereich zwischen 60 bis 75 Prozent der max. Herzfrequenz überwiegt das Fettstoffwechseltraining (siehe Trainingshinweise).

Eine Belastung über 85 Prozent der max. Herzfrequenz macht für den gesundheitsbewussten Fitnesssportler keinen Sinn, da er keine wettkampfspezifische Ausdauer trainieren muss.

Durch die starke Gruppendynamik, den übertriebenen Ehrgeiz einiger Kursteilnehmer oder des Instructors und durch fehlende Intensitätskontrollen kann es in Indoor-Cycling-Kursen zu deutlich höheren Belastungen als den hier empfohlenen kommen (Herzfrequenzwerte von bis zu 180 und mehr über einen Zeitraum von mehr als 10–15 Minuten sind zu beobachten). Dies führt zwangsweise zu einer Überforderung des Trainierenden und mittelfristig (innerhalb von wenigen Wochen) zum Anstieg des Verletzungsrisikos im muskulären Bereich sowie zu einer Überlastung des Herz-Kreislauf-Systems mit den Folgen einer verlängerten Regeneration und einer daraus resultierenden erhöhten Infektanfälligkeit, zu Schlafstörungen, «schweren Beinen», Appetitlosigkeit usw. Man befindet sich nach gewisser Zeit im Zustand eines Übertrainings.

Wird einem dies bewusst, sollte man die Intensität des Ausdauertrainings reduzieren oder für einige Tage pausieren. Alternativ sind dann Belastungen in der Herzfrequenzzone zwischen 50 und 60 Prozent zu wählen. Dadurch kann die Regeneration verbessert werden. Außerdem sollte man genügend schlafen (mindestens 8 Stunden), sich ausgewogen, fettarm und vollwertig ernähren und passive Erholungsmethoden wie Sauna oder Massage in die Regenerationszeit einbinden.

Produkte zur Nahrungsergänzung, wie Multivitaminpräparate, Mineralien und Spurenelemente, helfen den Wiederherstellungsprozess zu beschleunigen.

Trainingsinhalte

Wie bereits erwähnt, können aufgrund der Zielsetzung und der breiten Belastungsbereiche von 65 bis 85 Prozent der max. HF alle möglichen Fahrtechniken (siehe Kapitel «Technikgrundlagen») eingesetzt werden. Ob die Teilnehmer des Kurses in der Lage sind, die vom Instructor vorgegebenen Fahrtechniken und das Streckenprofil komplett mitzufahren, ist von der Vorerfahrung, der Übung und von den technischen Fähigkeiten abhängig.

a) Vorerfahrung und Übung

Für intensivere bzw. anspruchsvolle Fahrtechniken wie zum Beispiel Jumps, Running oder Sprints sollten die Teilnehmer bereits Erfahrungen gesammelt haben. Bei fehlender Übung können diese Techniken zu einer wesentlichen Erhöhung der Belastungsherzfrequenz beitragen und bei vorzeitigem Erreichen oder auch Überschreiten der Ziel-Herzfrequenz-Obergrenze zur Erschöpfung und sogar zum Abbruch der Übung führen. Die subjektive Belastungseinschätzung spielt hierbei eine wichtige Rolle. Wenn beispielsweise die Belastungsherzfrequenz noch nicht an der individuellen Obergrenze angelangt ist, man aber das Gefühl hat, in der gewählten Belastungsstärke und Fahrtechnik nicht weiterfahren zu können, muss die Belastungsintensität sofort reduziert werden.

Nicht nur die Erfahrung im Bereich der Fahrtechnik, sondern auch die Fertigkeit, mit dem Anstieg der Herzfrequenzen umzugehen und darauf angemessen zu reagieren, will geübt sein. Denn nur in seltenen Fällen ist ein kompletter Belastungsabbruch bei Überschreiten der HF-Obergrenzen notwendig.

b) Technische Fähigkeiten

Nicht nur Kursneulinge, sondern selbst Radsportler und Mountainbiker mit guter allgemeiner Ausdauer und starker Beinkraft sind anfangs nicht oder nur eingeschränkt in der Lage, voll und ganz mit geübten Indoor-Cycling-Sportlern mitzuhalten. Sie müssen sich erst mit den unterschiedlichen Fahrtechniken bekannt machen und sich an das ungewohnte Bremssystem gewöhnen. Hinzu kommt der starre Gang, den man lediglich, wenn überhaupt, aus dem Bahnradsport kennen dürfte.

Darüber hinaus wird beim Indoor-Cycling das Tempo bzw. die Trittfrequenz dem Takt der Musik angepasst. Nicht nur Indoor-Cycling-Einsteiger, sondern auch Outdoor-Radspezialisten haben in den ersten Cycling-Stunden teilweise erhebliche Schwierigkeiten damit. Genau wie beim Aerobic oder Tanzen fällt es beim Indoor-Cycling wesentlich leichter, die Fahrtechniken umzusetzen, wenn man versucht, die vom Instructor ausgewählten Musikstücke zum entsprechenden Takt/Beat mitzufahren. Die Bewegungen werden dadurch fließend und harmonisch.

Im Zweifelsfall sollten Sie auf die Trittfrequenz des Instructors achten und sie übernehmen, solange Sie den Takt der Musik nicht selbst heraushören können.

Belastungssteuerung

Die nun folgenden Tipps zur Belastungssteuerung eignen sich grundsätzlich für alle Kursarten und jedes Streckenprofil. Dabei ist es besonders wichtig, die Punkte für eine Belastungsreduktion zu kennen; entweder um beim Training die Herzfrequenz-Obergrenze nicht zu überschreiten oder um eine zu hohe Belastung von Anfang an zu vermeiden.

Ausgehend davon, dass man seine individuellen Belastungsherzfrequenzen tatsächlich kennt, sollte man folgende Hinweise beachten:

— Reduktion des Widerstands,
— bei stehenden Fahrtechniken in den Sattel zurücksetzen und Widerstand reduzieren,
— Atemtechnik kontrollieren und ggf. regulieren (gleichmäßigen Atemrhythmus finden),
— nicht alle Jumps mitfahren,
— Sprints nicht mit maximalem Tempo/Widerstand ausfahren,
— ggf. Temporeduktion, wenn o.g. Mittel nicht weiterhelfen.

Zu berücksichtigen ist, dass die Herzfrequenz bei Belastungsveränderungen verzögert reagiert. Besonders Untrainierte kennen ihre individuellen Reaktionszeiten nicht und müssen daher vorsichtig an Belastungsspitzen herangeführt werden.

Trainingsplanung

Um die Ausdauerleistungsfähigkeit bzw. die allgemeine Fitness durch Indoor-Cycling-Kurse zu verbessern, gibt es bei der Kursplanung für den Teilnehmer einige Dinge zu beachten bzw. folgende Fragen zu beantworten:

Sind Sie Einsteiger oder Fortgeschrittener?

Es ist zuerst einmal wichtig, die Art der Indoor-Cycling-Kurse kennen zu lernen. Dies geschieht am besten in Form von speziellen Einsteigerkursen, einer Art «Fahrschule» für Indoor-Cycling-Anfänger (siehe auch das Kapitel «Einführungsstunde», S. 85). In diesen Kursen lernen Sie, welche Sicherheitsaspekte zu beachten sind (starrer Gang, Bremssystem), wie das Rad richtig eingestellt wird (Lenker, Sattel, Pedale), wie die Basis-Fahrtechniken gefahren werden, wie Sie die richtige Trittfrequenz zum Takt der Musik finden und welche Belastungsherzfrequenz für Sie ideal ist. Darüber hinaus wird sich nach einigen Wochen Ihre Ausdauerleistungsfähigkeit und Ihre Beinkraft deutlich verbessern. Ein guter Einsteigerkurs sollte 30 Minuten nicht überschreiten. Das reicht vorerst aus, um die genannten Verbesserungen erreichen zu können.

In den ersten ein bis zwei Monaten sollten Sie ca. 2-mal pro Woche bei Indoor-Cycling-Kursen mitfahren. Um genügend Regenerationszeit zwischen den einzelnen Kursen zu haben, sollten Sie diese Trainingshäufigkeit nicht überschreiten.

Werden keine speziellen Anfängerkurse angeboten, empfehlen wir, Ihren Instructor zu informieren, dass Sie das erste Mal dabei sind und noch keinerlei Erfahrung haben. Ein guter Trainer wird sich dann die Zeit nehmen, Ihnen das Rad und die Sicherheitsaspekte sowie die optimale Sitzposition zu erklären. Wenn die Belastungsdauer weit über 30 Minuten liegt, reduzieren Sie die Intensität der Belastung (Widerstand), sodass Sie alle Fahrtechniken bequem mitfahren können und jederzeit in der Lage sind, die Kontrolle über die Belastung und die Trittgeschwindigkeit zu haben. Scheuen Sie sich nicht davor, das vorgegebene Streckenprofil vorzeitig zu verlassen oder die Fahrtechnik zu wechseln, wenn Sie das Gefühl haben, dass es Ihnen zu anstrengend wird.

Als Fortgeschrittener kennen Sie die Fahrtechniken und haben bereits eine gewisse Grundlagenausdauer. Sie können, wenn Sie möchten, in allen Indoor-Cycling-Kursen mitfahren. Aber auch hier ist es wichtig, eine Regenerationszeit zwischen den Kursen einzuhalten. Falls Sie ausschließlich Indoor-Cycling-Kurse zur Verbesserung Ihrer Ausdauer durchführen, empfiehlt es sich, zwischen den Kurseinheiten ca. ein bis zwei Tage Pause einzulegen. Je nach Regenerationsfähigkeit und Trainingszustand kann diese Pause auch verlängert oder verkürzt werden.

Gibt es eine Klassifizierung bzw. Unterscheidung zwischen den Kursinhalten oder den Intensitätsbereichen bei den Kursen?

Auch wenn Ihr Trainingsziel «Verbesserung der allgemeinen Fitness» heißt, sollten Sie an unterschiedlichen Kursen mit unterschiedlichen Belastungsbereichen teilnehmen. Dadurch verbessern Sie die Erfolgschancen in Bezug auf Ihre Fitness. Werden jedoch keine unterschiedlichen Kursformen, angefangen bei «All Terrain» (wechselndes Gelände mit allen Fahrtechniken), kraftorientierten Bergfahrten bis hin zu Grundlagenausdauer- bzw. Polar-Own-Zone-Kursen, angeboten, dann empfehlen wir, nicht nur Indoor-Cycling zu wählen, sondern auch z. B. Aerobic oder Stepp-Aerobic-Kurse, Lauftraining, Rudern, Schwimmen usw. mit in die Trainingsplanung einzubinden. Auch die Trainingsdauer sollte zwischendurch einmal etwas variieren (> 60 Minuten in der Intensität zwischen 65 und 80/85 Prozent der max. HF). Damit verhindern Sie eine Stagnation im Leistungszuwachs.

Welche anderen Ausdauersportarten stehen Ihnen alternativ oder auch ergänzend zur Verfügung?

Es ist grundsätzlich nicht ideal, ausschließlich eine einzige Trainingsform, wie hier zum Beispiel Indoor-Cycling, zur Verbesserung der allgemeinen Fitness/Ausdauer zu wählen. Wir empfehlen eine Kombination aus verschiedenen Aktivitäten. Dabei sind Alternativsportarten, wie Schwimmen, Aerobic, Laufen, Rudern usw., abhängig von Ihren Interessen, Ihrer Motivation und den Möglichkeiten Ihres privaten Umfelds bzw. dem Angebot Ihres Fitnessstudios. Wählen Sie eine oder mehrere Ausdauersportarten und versuchen Sie, auch dort Ihren Leistungszustand, sowohl technisch als auch physiologisch, auf ein höheres Niveau zu bringen. Beachten Sie dabei bitte immer die Einhaltung der Belastungsbereiche im Hinblick auf Ihre Herzfrequenz.

Wie häufig möchten / können Sie trainieren (individuelle Zeitplanung und Motivation)?

Die Häufigkeit der Trainingseinheiten ist von vielen Dingen abhängig. Einige davon haben wir bereits beschrieben. Der wohl wichtigste Aspekt zur Trainingshäufigkeit ist die Motivation bzw. der Spaß. Wenn es Ihnen Freude bereitet, jeden Tag ein entsprechendes Ausdauertraining, welcher Form auch immer, durchzuführen, dann machen Sie es! Beachten Sie lediglich Zeichen der Überlastung, wie z. B. Müdigkeit, erhöhte Ruheherzfrequenz, Appetitlosigkeit oder sich häufig krank fühlen. Bei regelmäßigem Training variieren Sie die Intensitätsbereiche (nicht > 85 bis 90 Prozent) und überlasten Sie sich nicht. Dann steht dem langfristigen Erfolg und der Realisierung Ihres Trainingsziels nichts mehr im Weg!

Zusammenfassung der Trainingsdaten
für ein Fitnesstraining

Max. Herzfrequenz

220 – Lebensalter

Trainingsbereich

Untrainierte/Anfänger:

65 (Untergrenze) bis 85 Prozent (Obergrenze) der max. HF

Trainierte:

65 (Untergrenze) bis 90 Prozent (Obergrenze) der max. HF

Trittfrequenz

60–120 U/Min.

Umfang/Trainingsdauer

Untrainierte/Anfänger:

2–3-mal pro Woche/30–45 Min.

Trainierte:

3–4-mal pro Woche/45–70 Min.

Inhalte

ca. 90 Prozent der Trainingsdauer sollte zwischen den Belastungsbereichen 65 und 85 Prozent der max. HF liegen, unabhängig vom
Trainingszustand

Kursbeispiel

__ Einführungskurs

__ Grundlagenausdauertraining bei kontinuierlicher Dauermethode (annähernd gleich bleibende Intensität/Geschwindigkeit)

__ Grundlagenausdauertraining bei variabler Dauermethode (wechselnde
Intensitäten/Geschwindigkeit, innerhalb der Belastungsgrenzen bleiben)

__ «All Terrain» bei extensiver Intervallmethode (bis an die Belastungsobergrenze), Belastungsdauer 2–3 Min. – Pausendauer mind. $\frac{1}{2}$ der Belastungsdauer (leichte Widerstände, flaches Fahren) – Wiederholungen pro
Intervall: 3–5, Serienpause 3–5 Min. – Serienanzahl 2–4

__ «All Terrain» oder «Bergfahrt» bei intensiver Intervallmethode (bis an
Belastungsobergrenze), Belastungsdauer 0,5–2 Min. – Pausendauer:
mind. Belastungslänge, bis ca. 5 Min. (leichte Widerstände, flaches
Fahren) – Wiederholungen pro Intervall: 3–10 – Serienpause 3–6 Min. –
Serienanzahl 3–5

Beispiel 1

Trainingsplan für einen 30-jährigen untrainierten Mann
Belastungsuntergrenze: (220–30) x 65 Prozent = HF 124
Belastungsobergrenze: (220–30) x 80 Prozent = HF 162

Wochentrainingsplan

1. Woche
Mo: Einführungskurs 30 Min.
Mi: leichtes Krafttraining
Fr: kontinuierliche Dauermethode
45 Min. (z.B. Polar-Own-Zone-Kurs)

2. Woche
Mo: wie 1. Woche
Mi: wie 1. Woche
Fr: variable Dauermethode 45 Min. (z.B. Polar-Own-Zone-Kurs)
So: kontinuierliche Dauermethode 45 Min. (z.B. Polar-Own-Zone-Kurs)

3. Woche
Di: kontinuierliche Dauermethode 45 Min. (z.B. Polar-Own-Zone-Kurs)
Mi: wie 1. Woche
Fr: extensive Intervallmethode 45 Min. (z.B. «All Terrain»)

4. Woche
Mo: variable Dauermethode 45 Min. (z.B. Polar-Own-Zone-Kurs)
Mi: Leichtes Krafttraining → Serienzahl und Gewichte erhöhen, leichte Übungsvariation
Fr: variable Dauermethode 45 Min. (z.B. Polar-Own-Zone-Kurs)
So: intensive Intervallmethode 45 Min. (z.B. Bergfahrt)

5. Woche
Di: kontinuierliche Dauermethode 45 Min. (z.B. Polar-Own-Zone-Kurs)
Mi: wie 4. Woche
Fr: extensive Intervallmethode 60 Min. (z.B. «All Terrain»)

6. Woche
Mo: variable Dauermethode 60 Min. (z.B. Polar-Own-Zone-Kurs)
Mi: wie 4. Woche
Fr: variable Dauermethode 45 Min. (z.B. Polar-Own-Zone-Kurs)
So: intensive Intervallmethode 45 Min. (z.B. Bergfahrt)

Beispiel 2

Trainingsplan für eine trainierte 25-jährige Frau

Belastungsuntergrenze: (220–25) x 65 Prozent = HF 127

Belastungsobergrenze: (220–25) x 90 Prozent = HF 176

Wochentrainingsplan

1. Woche

Di: Einführungskurs 30 Min.

Mi: leichtes Krafttraining 30 Min.

Fr: kontinuierliche Dauermethode 45 Min. (z.B. Polar-Own-Zone-Kurs)

2. Woche

Di: wie 1. Woche

Mi: wie 1. Woche

Fr: variable Dauermethode 45 Min. (z.B. Polar-Own-Zone-Kurs)

So: extensive Intervallmethode 45 Min. (z.B. «All Terrain»)

3. Woche

Di: kontinuierliche Dauermethode 45 Min. (z.B. Polar-Own-Zone-Kurs)

Mi: wie 1. Woche

Fr: extensive Intervallmethode 60 Min. (z.B. «All Terrain»)

So: extensive Intervallmethode 45 Min. (z.B. «All Terrain»)

4. Woche

Di: variable Dauermethode 60 Min. (z.B. Polar-Own-Zone-Kurs)

Mi: Krafttraining → Serienzahl und Gewichte erhöhen, leichte Übungsvariation

Fr: variable Dauermethode 60 Min. (z.B. Polar-Own-Zone-Kurs)

So: intensive Intervallmethode 45 Min. (z.B. Bergfahrt)

5. Woche

Di: kontinuierliche Dauermethode 60 Min. (z.B. Polar-Own-Zone-Kurs)

Mi: wie 4. Woche

Fr: extensive Intervallmethode 45 Min. (z.B. «All Terrain»)

So: extensive Intervallmethode 45 Min. (z.B. «All Terrain»)

6. Woche

Di: variable Dauermethode 60 Min. (z.B. Polar-Own-Zone-Kurs)

Mi: wie 4. Woche

Fr: variable Dauermethode 45 Min. (z.B. Polar-Own-Zone-Kurs)

So: intensive Intervallmethode 45 Min. (z.B. Bergfahrt)

Training zur Gewichtsreduktion

Wann ist ein Ausdauertraining ein Fettstoffwechseltraining?

Mit dem Begriff «Fettstoffwechseltraining» wird die Art von Beanspruchung bezeichnet, die durch einen hohen Anteil an Fettverbrennung charakterisiert ist. Die Energie wird dabei aus dem Abbau von Fettsäuren gewonnen. Die Belastung muss dabei so niedrig sein, dass dieser Prozess der Energiegewinnung unter Zuhilfenahme von Sauerstoff erfolgt. Außerdem ist zu beachten, dass der «Fettabbau» erst erfolgt, wenn der Körper sehr lange belastet wurde. Mit einem Fettstoffwechseltraining ist also nicht ein Training gemeint, das lediglich eine hohe Menge an Energie verbraucht, woraus dann eine Gewichtsreduktion erfolgen könnte.

Fette sind die größten Energiespeicher im Körper. Der physiologische Brennwert von Fetten ist mehr als doppelt so hoch wie der von Kohlenhydraten. Im Verhältnis wird bei der Energiegewinnung aber mehr Sauerstoff benötigt. Das heißt, geringe Belastungsintensitäten sind nötig, um den erhöhten Saucrstoffbedarf zu decken. Des Weiteren wird der Fettstoffwechsel erst dann aktiviert, wenn man über längere Zeit trainiert. Als grobe Faustregel können mindestens 30 bis 40 Minuten angegeben werden, bis vermehrt Fette zur Energiegewinnung herangezogen werden.

Zur Verstoffwechselung von Fetten muss die Art der Belastung folgendermaßen charakterisiert sein: lang andauernd und mit geringer Intensität.

Trainingsziel

Ziel eines Fettstoffwechseltrainings ist es, den Anteil der Fettverbrennung durch körperliche Aktivität zu steigern.

Dies erreicht man zum einen durch eine lang andauernde Belastung. Zum anderen gilt, dass ein langfristig durchgeführtes Ausdauertraining die Fähigkeit der Skelettmuskulatur verbessert, freie Fettsäuren zu verbrennen. Das heißt, je besser der Ausdauertrainingszustand, desto höher der Prozentsatz der Fettsäurenverbrennung.

Zum realistischen Nutzen eines Fettstoffwechseltrainings ist in diesem Zusammenhang Folgendes zu sagen: Ein sichtbarer Fettabbau oder eine Gewichtsreduzierung – wie oftmals suggeriert wird – ist in den Ausmaßen eines durchschnittlichen «Fitness- und Gesundheitstrainings» nur in geringem Maße möglich. Trotzdem ist der gesundheitliche Nutzen dieses Trainings von großer Bedeutung, wie z. B. die Stärkung des Immunsystems, der Schutz vor Auswirkungen von Bewegungsmangelerkrankungen und die Vorbeugung vor degenerativen Herz-Kreislauf-Erkrankungen.

Die anfängliche Motivation zum Training – nämlich schnell abzunehmen – sollte positiv genutzt werden, um die eigentlichen Vorteile (sich wohl fühlen, fit sein, positives Körperbewusstsein, Steigerung der Lebensqualität etc.) von Sport und Bewegung wahrzunehmen.

Zielgruppe

Übergewichtige, Herz-Kreislauf-Patienten mit erhöhtem Blutdruck, Senioren, Patienten mit Fettstoffwechselstörungen und u. a. zu hohen Cholesterinwerten (Diabetes mellitus), Sporteinsteiger, aber auch Fortgeschrittene mit der Zielsetzung der Verbesserung der Grundlagenausdauer im aeroben Bereich.

Vor allem bei Patienten, die in ärztlicher Behandlung sind, und Senioren ist es unbedingt erforderlich, vor Trainingsaufnahme eine Freigabe des Hausarztes zu bekommen und die Besonderheiten mit dem Fitnesstrainer zu besprechen.

Belastungsintensität

Die Belastungsintensität für das so genannte Fettstoffwechseltraining oder auch «Fatburning» sollte zwischen 60 und 70 Prozent der maximalen Herzfrequenz liegen. Das Training wird von den Aktiven als verhältnismäßig leicht empfunden und kann daher auch über einen längeren Zeitraum betrieben werden.

Da vor allem in den Indoor-Cycling-Kursen durch die starke Gruppendynamik und die motivierende Musik die Tendenz zu höheren Belastungen gegeben ist, empfehlen wir bei der Zielsetzung «Fettstoffwechseltraining/Gewichtsreduktion» in jedem Fall, mit einem Herzfrequenz-Messgerät zu trainieren.

Die Gefahr, sich in dem genannten Intensitätsbereich zu überlasten, ist verhältnismäßig gering. Jedoch muss auch hier die Ermüdung in der oftmals noch untrainierten Beinmuskulatur, besonders bei Sporteinsteigern, berücksichtigt werden. Sie kann zu einem vorzeitigen Belastungsabbruch führen, auch wenn der Zielherzfrequenzbereich noch nicht erreicht wurde.

Trainingsinhalte

Die Umsetzung der Zielsetzung in Indoor-Cycling-Kursen fällt aufgrund der eng gesteckten und vor allem niedrigen Belastungsbereiche (60 bis 70 Prozent der max. HF) schwer. Gerade Sporteinsteigern wird es trotz der Verwendung von einfachen Fahrtechniken (Flachfahrten im Sitzen, Bergfahrten im Sitzen) und niedrigen Widerständen sehr schwer fallen, im Zielherzfrequenzbereich zu bleiben. Aufgrund des starren Ganges und der damit verbundenen dauernden Trittbewegung mit einem Mindestwiderstand kommt es, verbunden mit weiteren äußeren und inneren Faktoren, oftmals zu einem sehr starken Herzfrequenzanstieg. Eine Regulation der Belastung fällt dann häufig verhältnismäßig schwer.

Den Teilnehmern und auch dem Instructor steht bei dieser Art von Indoor-Cycling-Kursen zur Verbesserung des Fettstoffwechsels/Gewichtsreduktion und der Grundlagenausdauer nur eine sehr kleine Auswahl an Fahrtechniken und Variationsmöglichkeiten zur Verfügung.

Die Belastungssteuerung zur Einhaltung der Herzfrequenz-Grenzen sollte ganz besonders beachtet werden. Auch der Einsatz von Musik als Motivationsfaktor darf nicht unterschätzt werden. Wenn der Streckenverlauf mit entsprechend ruhiger und vor allem passender Musik untermalt wird und bewusst Atemtechniken zur Reduktion der Herzfrequenz eingesetzt werden, wird die 40- bis 50-minütige «Fahrt durch flaches Gelände» nicht langweilig, sondern kann sehr stark zur Stimmungsaufhellung beitragen. Auch der Erfolg, in den Kursen immer länger innerhalb der gesteckten Belastungsgrenzen bleiben zu können, wirkt motivierend.

Kursplanung

Um beim Fettstoffwechseltraining/Gewichtsmanagement erfolgreich zu sein, gibt es für die Kursplanung einige Dinge zu beachten bzw. folgende Fragen zu beantworten:

Zählen Sie sich zu den Einsteigern oder zu den Fortgeschrittenen?

⟶ Einsteiger

Ihnen empfehlen wir, zunächst einmal durch ein individuelles Grundlagenausdauertraining der Dauermethode (annähernd gleich bleibende Belastungsintensität) die allgemeine Belastungsfähigkeit und Konstitution zu verbessern, um sich an das Training gewöhnen zu können. Dies sollte in dem bereits genannten Zielherzfrequenzbereich zwischen 60 und 70 Prozent der max. HF liegen. Die Trainingsdauer sollte mindestens bei 10 bis 15 Minuten (für Neueinsteiger) liegen und kann bis zu 60 Minuten oder mehr erweitert werden. Wenn Sie das schaffen, zählen Sie jedoch nicht mehr zu den Einsteigern.

⟶ Fortgeschrittene

Ausdauertrainierte Sportler können sofort mit den speziellen Indoor-Cycling-Kursen beginnen.

Sind Sie uneingeschränkt belastbar, oder gibt es bei Ihnen Risikofaktoren zu berücksichtigen?

Wenn Sie von Ihrem Arzt die Freigabe zum Training bekommen, können Sie mit dem Training wie oben beschrieben beginnen.

Der Erfolg Ihres Trainings mit der Zielsetzung, Gewicht zu reduzieren, wird sehr stark davon beeinflusst, dass in den meisten Fällen nicht nur Bewegungsmangel zu einer Gewichtszunahme führt, sondern eine unausgewogene, fettreiche Ernährung das Gewicht in die Höhe schnellen lässt. Überprüfen Sie zusätzlich Ihre Ernährungsgewohnheiten, informieren Sie sich durch entsprechende Literatur oder gehen Sie zur Ernährungsberatung (mit dem Ziel der Umstellung des Essverhaltens). Ihr Wohlbefinden und Ihre Fitness werden sich mit Hilfe einer gesunden Ernährung sehr schnell verbessern, und Ihr Gewicht wird sich an Ihr Normalgewicht annähern.

Zusammenfassung der Trainingsdaten für ein Training zur Gewichtsreduktion

Max. Herzfrequenz

220 – Lebensalter

Trainingsbereich

60 (Untergrenze) bis 70 Prozent (Obergrenze) der max. Herzfrequenz

Trittfrequenz

60–120 U/Min.

Umfang/Trainingsdauer

Untrainierte/Anfänger:

2–3-mal pro Woche/30–45 Min.

Trainierte:

3–4-mal pro Woche/45–70 Min.

Inhalte

ca. 90 Prozent der Trainingsdauer sollte zwischen den Belastungs- bereichen 60 und 70 Prozent der max. HF liegen, unabhängig vom Trainingszustand

Kursbeispiel

__ Einführungskurs

__ Grundlagenausdauertraining bei kontinuierlicher Dauermethode (gleich bleibende Geschwindigkeit)

__ Grundlagenausdauertraining bei variabler Dauermethode (wechselnde Geschwindigkeit, innerhalb der Belastungsgrenzen bleiben)

Fortgeschrittene (ab > 3 Kursen pro Woche):

__ «All Terrain» bei extensiver Intervallmethode (bis an Belastungsober- grenze), Belastungsdauer 2–3 Min. – Pausendauer mind. $\frac{1}{2}$ der Belas- tungsdauer (leichte Widerstände, flaches Fahren) – Wiederholungen pro Intervall: 3–5 – Serienpause 3–5 Min. – Serienanzahl 2–4

Beispiel 1

Trainingsplan für eine untrainierte 35-jährige Frau
Belastungsuntergrenze: (220–35) x 60 Prozent = HF 111
Belastungsobergrenze: (220–35) x 70 Prozent = HF 130

Wochentrainingsplan

1. Woche
Mo: Einführungskurs 30 Min.
Mi: leichtes Krafttraining
Fr: kontinuierliche Dauermethode
45 Min. (z. B. Polar-Own-Zone-
Kurs)

2. Woche
Mo: wie 1. Woche
Mi: wie 1. Woche
Fr: variable Dauermethode 45 Min.
(z. B. Polar-Own-Zone-Kurs)
So: kontinuierliche Dauermethode
45 Min. (z. B. Polar-Own-Zone-
Kurs)

3. Woche
Di: kontinuierliche Dauermethode
45 Min. (z. B. Polar-Own-Zone-
Kurs)
Mi: wie 1. Woche
Fr: variable Dauermethode 45 Min.
(z. B. Polar-Own-Zone-Kurs)

4. Woche
Mo: variable Dauermethode 45 Min.
(z. B. Polar-Own-Zone-Kurs)
Mi: Leichtes Krafttraining →
Serienzahl und Gewichte erhö-
hen, leichte Übungsvariation
Fr: variable Dauermethode 60 Min.
(z. B. Polar-Own-Zone-Kurs)

5. Woche
Mo: kontinuierliche Dauermethode
60 Min. (z. B. Polar-Own-Zone-
Kurs)
Mi: wie 4. Woche
Fr: variable Dauermethode 60 Min.
(z. B. Polar-Own-Zone-Kurs)

6. Woche
Mo: variable Dauermethode 60 Min.
(z. B. Polar-Own-Zone-Kurs)
Mi: wie 4. Woche
Fr: variable Dauermethode 45 Min.
(z. B. Polar-Own-Zone-Kurs)
So: kontinuierliche Dauermethode
60 Min. (z. B. Polar-Own-Zone-
Kurs)

Trainingsplan für einen trainierten 40-jährigen Mann
Belastungsuntergrenze: (220–40) x 60 Prozent = HF 108
Belastungsobergrenze: (220–40) x 70 Prozent = HF 126

Wochentrainingsplan

1. Woche
Mo: Einführungskurs 30 Min.
Mi: leichtes Krafttraining
Fr: kontinuierliche Dauermethode
60 Min. (z. B. Polar-Own-Zone-Kurs)

2. Woche
Mo: wie 1. Woche
Mi: wie 1. Woche
Fr: variable Dauermethode 60 Min. (z. B. Polar-Own-Zone-Kurs)
So: kontinuierliche Dauermethode 60 Min. (z. B. Polar-Own-Zone-Kurs)

3. Woche
Di: kontinuierliche Dauermethode 45 Min. (z. B. Polar-Own-Zone-Kurs)
Mi: wie 1. Woche
Fr: extensive Intervallmethode 45 Min. (z. B. «All Terrain»)
So: kontinuierliche Dauermethode 60 Min. (z. B. Polar-Own-Zone-Kurs)

4. Woche
Di: variable Dauermethode 60 Min. (z. B. Polar-Own-Zone-Kurs)
Mi: leichtes Krafttraining → Serienzahl und Gewichte erhöhen, leichte Übungsvariation
Fr: kontinuierliche Dauermethode 60 Min. (z. B. Polar-Own-Zone-Kurs)
So: variable Dauermethode 60 Min. (z. B. Polar-Own-Zone-Kurs)

5. Woche
Di: kontinuierliche Dauermethode 60 Min. (z. B. Polar-Own-Zone-Kurs)
Mi: wie 4. Woche
Fr: extensive Intervallmethode 60 Min. (z. B. «All Terrain»)
So: variable Dauermethode 60 Min. (z. B. Polar-Own-Zone-Kurs)

6. Woche
Di: variable Dauermethode 60 Min. (z. B. Polar-Own-Zone-Kurs)
Mi: wie 4. Woche
Fr: variable Dauermethode 70 Min. (z. B. Polar-Own-Zone-Kurs)
So: kontinuierliche Dauermethode 60 Min. (z. B. Polar-Own-Zone-Kurs)

Leistungsorientiertes Training

Welchen Stellenwert hat Indoor-Cycling im Leistungssport?

Zunächst müssen wir klären, ob Indoor-Cycling alle Belastungs-möglichkeiten für wettkampf- und gesundheitsorientierte Leistungs-sportler bietet.

Das Ziel für Wettkampfsportler sollte sein, die individuellen Zielset-zungen zur Verbesserung und Erhaltung der Leistungsfähigkeit in der Aufbau-, Vorwettkampf-, Wettkampf- und Regenerationsphase (Wett-kampfsportler) zu erreichen. Außerdem betrifft dies die Zielgruppe der ambitionierten Fitness- und Gesundheitssportler, die eine allgemeine Leistungssteigerung erzielen möchten.

Ein großer Vorteil beim Indoor-Cycling liegt in den variierenden Belastungsintensitäten, sozusagen von null bis unendlich. Mit anderen Worten: Ein praxisgerecht konzipierter Indoor-Cycling-Kurs eignet sich für die Verletzungsnachsorge ebenso wie für Belastungsspitzen, bei denen auch der stärkste Sprinter passen müsste.

Nicht nur Radfahrer und Sportler aus Disziplinen, in denen sich das Radfahren als Ausgleichstraining bewährt hat (z. B. Eisschnellläufer), können vom Nutzen des Indoor-Cycling profitieren. Diese Sportart emp-fiehlt sich für Aktive aus allen Disziplinen mit den unterschiedlichsten sportartspezifischen Zielsetzungen.

Als «Non-Impact»-Sportart, die außerdem den gesamten Unterkör-per muskulär beansprucht, eignet sich Radfahren bzw. Indoor-Cycling als Ausgleichssportart für Aktive aus nahezu allen Disziplinen. Wer befürchtet, mit Radfahren im Vergleich zu einigen «Ganzkörper»-Aus-dauersportarten (z. B. Ski-Langlauf, Rudern) keinen für seine Leistungs-ansprüche ausreichenden Sauerstoffumsatz zu erzielen, der sollte wis-sen, dass beispielsweise Straßen-Radrennfahrer zu den Sportlern mit der höchsten Sauerstoffaufnahmekapazität zählen.

Kann Indoor-Cycling jede beliebige sportartspezifische Trainingseinheit voll ersetzen?

Prinzipiell ja, doch wie bei jeder typischen Indoor-Sportart gibt es diesbezüglich auch beim Indoor-Cycling einige Einschränkungen.

Wie schon erwähnt, bietet das Indoor-Rad in puncto Belastungsintensität alle Möglichkeiten, sodass es bei der Verlegung von kürzeren Trainingseinheiten mit Maximal- und/oder Submaximalbelastungen (Sprints, Intervalltraining, Pyramide u. Ä.) auch für Leistungssportler keine Einschränkungen gibt.

Kritischer wird es, wenn der vor allem mit dem leistungssportlich ausgelegten Grundlagenausdauertraining verbundene Zeitfaktor ins Spiel kommt. Aktive aus «Kurzzeit-Disziplinen» können problemlos (z. B. bei schlechtem Wetter) ihr Grundlagenausdauertraining vom Stadion auf das Indoor-Cycling-Rad verlegen. Diese Trainingseinheiten sind zwar auch sehr wichtig, aber doch nicht so extrem lang, wie dies bei Ausdauerspezialisten (Straßenradfahrer, Marathonläufer oder Triathleten) der Fall ist. Zwar spricht auch hier prinzipiell nichts dagegen, doch wird kaum jemand mit Begeisterung vier, sechs oder gar noch mehr Stunden auf einem Indoor-Cycling-Rad trainieren.

Wie bei allen Formen des Indoor-Ausdauertrainings (Laufband, Ruderergometer, Treppensteiger, Crosstrainer usw.) ist auch beim Indoor-Cycling die Schweißbildung wegen fehlender Frischluftzufuhr durch Fahrtwind oder natürliche Luftbewegung enorm hoch. Daher gilt es bei stundenlangen Belastungen zu beachten, dass es trotz ausreichender Flüssigkeitsaufnahme zu kritischen Engpässen in der Versorgung des Körpers mit lebenswichtigen Mineralstoffen und Spurenelementen kommen kann.

Ferner verleitet Indoor-Cycling zum Selbstbetrug. Dieser vor allem von erfahrenen Radsportlern kommende Vorwurf ist in der Tat nicht ganz von der Hand zu weisen. Das Prinzip der Belastungssteuerung beim Indoor-Cycling durch das stufenlose Widerstandssystem unterliegt der subjektiven Einschätzung der Belastungsintensität. Insbesondere zum Ende intensiverer Trainingseinheiten kann dadurch der eine oder andere Belastungswiderstand «versehentlich» falsch eingeschätzt werden. Auf der Straße dagegen kann sich niemand den tatsächlich vorhandenen Bremsfaktoren (Fahrtwind, Steigungen, Rollwiderstand) entziehen. Mittels Herzfrequenzkontrolle kann allerdings auch dieser Selbstbetrug eingeschränkt bzw. ausgeschlossen werden.

Trainingsintensität

Im Folgenden sollen nun die Unterschiede zwischen Fitness- und Leistungssport in Bezug auf die Trainingsintensität aufgezeigt werden.

Generell gilt – nicht nur auf der Straße, sondern im übertragenen Sinn auch für Indoor-Cycling:

Wer nicht langsam fahren kann, kann auch nicht schnell fahren!

Mindestens 80 Prozent des gesamten Trainingsumfangs müssen demzufolge im Grundlagenausdauer- und aeroben Erweiterungsbereich (60 bis 70 Prozent bzw. 70 bis 80/85 Prozent der maximalen Trainingsherzfrequenz) und höchstens 20 Prozent mit Belastungsintensitäten oberhalb 85 Prozent der maximalen Herzfrequenz gefahren werden.

Hierin liegt auch der einzige Unterschied in der Trainingssteuerung für den Fitness- und Leistungssportbereich. Während der Fitnesssportler submaximale Belastungsintensitäten nur bedingt und maximale Belastungsspitzen gänzlich meiden sollte, darf – und muss – der Leistungssportler nach diesem «80:20-Prinzip» trainieren.

Weil das «80:20-Prinzip» nicht nur für Radsportler, sondern im übertragenen Sinn für alle Ausdauersportarten gilt, sollten Sie sich auch dann daran halten, wenn Sie Indoor-Cycling lediglich als Ausgleichs- bzw. Ergänzungstraining für Ihre Hauptsportart betreiben.

Beim ambitionierten Fitnesstraining wie auch beim Leistungssportler sollte die Trainingsintensität periodisiert werden. Dies bedeutet, dass mit wechselndem Umfang und verschiedenen Intensitäten trainiert wird, statt Tag für Tag nach dem Motto «Viel ist gut, mehr ist noch besser» an die maximale Leistungsgrenze zu gehen.

Terminierung und Inhalte der Trainingseinheiten für Leistungssportler

Der Unterschied in der Trainingssteuerung zwischen Freizeit- und Leistungssportlern liegt im unterschiedlichen Trainingsumfang. Während die Empfehlungen für Freizeitsportler auf zwei bis drei Trainingseinheiten von maximal ein bis zwei Stunden hinauslaufen, sind Leistungssportler durchaus in der Lage, alle 24 Stunden und unter bestimmten Bedingungen auch 2-mal täglich zu trainieren.

Entsprechend einfach ist der Aufbau und die Zusammenstellung der Wochentrainingspläne. Generell gilt für jeden Trainingszyklus die einfach zu befolgende Regel, wonach einer (zumeist kürzeren) hochintensiven Trainingseinheit ein (in der Regel umfangreicheres) Training auf niedriger Belastungsstufe folgen sollte. Dass der Indoor-Cycler diese Regel strenger befolgen kann als der vielen «Störfaktoren» (Schlechtwetter, einsetzende Dunkelheit u. a.) ausgesetzte Straßenfahrer, ist ein nicht zu unterschätzender Vorteil zugunsten dieser Indoor-Sportart.

Inhalte einer Indoor-Cycling-Stunde für Leistungssportler

Dargestellt wird der Hauptteil der Stunde. Aufwärmen und Cooldown wird wie im Kapitel «Das Vorher und Nachher» gehandhabt.

Gesamtdauer: 40 Minuten.

Inhalt: Simulation eines hügeligen Streckenprofils bei entsprechendem Einsatz des Widerstandsreglers und kontinuierlicher Überwachung der Belastungsintensitäten entsprechend der individuellen Zielsetzung.

Beispiel für ein Streckenprofil mit 7 Teilstücken:

1. Teilstück

— Anstieg im Wiegetritt, Trittfrequenz 60–70 U/Min., stufenweise Erhöhung des Belastungswiderstands bis Erreichen von 70 Prozent der maximalen Trainingsherzfrequenz.

— Nach 2 und 5 Minuten 60-Sekunden-Tempointervall in Sitzposition mit erhöhter Trittfrequenz. Beschleunigung gemäß individueller Leistungsfähigkeit und/oder Zielsetzung. Jede Steigerung der Trittfrequenz gilt bereits als Intervall. Maximale Belastungsintensität 90–100 Prozent der maximalen Trainingsherzfrequenz.

— Maximale Belastungsintensität für Fitnesssportler: 85 Prozent der maximalen Trainingsherzfrequenz.

— Abgesehen von kurzen Antritten, werden Tempointervalle grundsätzlich in Sitzposition gefahren. Die höchste im Wiegetritt vertretbare Trittfrequenz liegt bei 80 U/Min. Bei höheren Trittfrequenzen ist der Wiegetritt unökonomisch, weil die Arm- und Rumpfmuskulatur verstärkt mit Sauerstoff versorgt werden muss. Außerdem besteht die Gefahr, durch unrhythmisches Treten den Pedalkontakt zu verlieren.

— Dauer: 8 Minuten.

2. Teilstück

— Abfahrt mit geringerem Belastungswiderstand, Trittfrequenz maximal 120 U/Min.
— Belastungsintensität um 60 Prozent der maximalen Trainingsherzfrequenz.
— Trittfrequenz von 120 U/Min. (in Ausnahmefällen 140 U/Min.) nicht überschreiten.
— Dauer: 3 Minuten.

3. Teilstück

— Kurzer, extremer Anstieg im Wiegetritt, Trittfrequenz um 60 U/Min.
— Belastungsintensität bis zu 90/100 Prozent der maximalen Trainingsherzfrequenz.
— Maximale Belastungsintensität für Fitnesssportler: 85 Prozent der maximalen Trainingsherzfrequenz.
— Der Fahrer muss den Belastungswiderstand auch in Sitzposition durchhalten.
— Dauer: 5 Minuten.

4. Teilstück

— Ebene mit naturgetreuer Simulation des Fahrtwinds als Hauptbremsfaktor, Trittfrequenz: entsprechend 70 Prozent Belastungsintensität.
— Dieser Streckenabschnitt lässt sich in den seltensten Fällen exakt auf den Beat fahren, weil die Trittfrequenz ausschließlich von der Leistungsfähigkeit bzw. der Zielsetzung des Fahrers abhängt. Aber es gibt viele Möglichkeiten, die Trittfrequenz in die Musik zu «integrieren»: 2 Pedalumdrehungen auf 3 Beats, 3 Umdrehungen auf 2 Beats usw.
— Die angestrebte Belastungsintensität (in diesem Fall 70 Prozent) geht in jedem Fall vor dem Beat.
— Dauer: 5 Minuten.

5. Teilstück

— Anstieg mit kontinuierlicher Steigerung des Belastungswiderstands in wechselnder Position, Trittfrequenz: 60–80 U/Min.
— Belastungsintensitäten: Begonnen wird bei 60 Prozent Belastungsintensität, die während des Anstiegs ca. alle 15 bis 20 Sekunden in kleinen

Stufen bis hin zur aerob/anaeroben Schwelle (Fitnesssportler) bzw. auf 100 Prozent (Leistungssportler) gesteigert wird.

Steigern Sie den Belastungswiderstand grundsätzlich in Sitzposition, und fahren Sie nur außerhalb der Belastungssteigerungen im Wiegetritt. Im Wiegetritt steigt die Herzfrequenz auch bei unveränderter Trittfrequenz und gleichem Belastungswiderstand leicht an!

— Praxisgerechte Trittfrequenz (Fahren auf den Beat) geht vor Belastungswiderstand.

— Nach Erreichen der höchsten Belastungsintensität (85/100 Prozent) wird der Belastungswiderstand stufenweise auf 60 bis 70 Prozent Belastungsintensität reduziert und der Anstieg in Sitzposition und im Wiegetritt ausgefahren.

— Dauer: 12 Minuten.

6. Teilstück

— Abfahrt mit regenerativem Charakter, Trittfrequenz wie unter 2.

— Belastungswiderstand wie unter 2.

— Belastungsintensität: 50–60 Prozent.

— Dauer: 3 Minuten.

7. Teilstück

— Kurzer Anstieg mit leichterem Belastungswiderstand wechselweise im Wiegetritt und in Sitzposition, Trittfrequenz: 60–80 U/Min.

— Belastungsintensität: höchstens 70 Prozent der maximalen Trainingsherzfrequenz.

— Dauer: 4 Minuten.

Zusammenfassung der Trainingsdaten für ein leistungsorientiertes Training

Max. Herzfrequenz

220 – Lebensalter

Trainingsbereich

zwischen 65 und 85 Prozent der max. Herzfrequenz

Trittfrequenz

60 – 120 U / Min.

Umfang / Trainingsdauer

ambitionierter Breitensportler: 4 – 5-mal pro Woche / 60 – 90 Min.
Leistungssportler 5 – 6-mal pro Woche / 90 – 120 Min. (Extremausdauer-sportler bis zu 6 Stunden!)

Inhalte

ca. 80 Prozent der Trainingsdauer sollte zwischen den Belastungsberei-chen 65 und 85 Prozent der max. HF liegen, unabhängig vom Trainings-zustand

Kursbeispiel

— Einführungskurs

— Grundlagenausdauertraining bei kontinuierlicher Dauermethode (annä-hernd gleich bleibende Intensität / Geschwindigkeit)

— Grundlagenausdauertraining bei variabler Dauermethode (wechselnde Intensitäten / Geschwindigkeit, innerhalb der Belastungsgrenzen bleiben)

— «All Terrain» bei extensiver Intervallmethode (bis an Belastungsober-grenze), Belastungsdauer 8 – 20 Min. – Pausendauer 2 – 5 Min. (leichte Widerstände, flaches Fahren) – Wiederholungen pro Intervall: 3 – 5 – Serienpause 3 – 5 Min. – Serienanzahl 2 – 4

— «All Terrain» oder «Bergfahrt» bei intensiver Intervallmethode (bis an Belastungsobergrenze), Belastungsdauer 0,5 – 2 Min. (Leistungssportler bis zu 10 Min.) – Pausendauer: mind. Belastungslänge, bis ca. 5 Min. (leichte Widerstände, flaches Fahren) – Wiederholungen pro Intervall: 3 – 10 – Serienpause 3 – 6 Min. – Serienanzahl 3 – 5

Trainingsplan für einen Kurzzeitzyklus für Leistungssportler

Tag 1

Trainingsziel:

Steigerung der Grundlagenausdauer

Trainingsdauer:

bis zu 6 Stunden

Belastungsintensität:

60 Prozent (max. 70 Prozent) der maximalen Trainingsherzfrequenz
Bei einem Training von über 3 Stunden Dauer auf dem Indoor-Cycling-Rad
unbedingt auf ausreichende Flüssigkeitsaufnahme und besonders intensive
Frischluftzufuhr achten.

Tag 2

Trainingsziel:

Verbesserung des «Stehvermögens» bei Tempofahrten (z. B. Ausreiß-
versuche) mit Hilfe der extensiven Intervallmethode

Trainingsdauer:

bis zu 2 Stunden

Dauer der Belastungsphasen:

5 bis max. 12 Minuten (minutenweise Steigerung)

Dauer der Entlastungsphasen:

5 Minuten (nach dem letzten Belastungsintervall leichtes «Ausrollen»)

Belastungsintensität:

50 bis 60 Prozent der max. Trainingsherzfrequenz in den Entlastungsphasen; maximal aerob/anaerobe Schwelle während der Belastungsintervalle
(bei entsprechendem Leistungsvermögen und subjektivem Befinden auch
kurzzeitig oberhalb der aerob/anaeroben Schwelle)

Tag 3
Trainingsziel:
  Regeneration (evtl. mit kurzen Belastungsspitzen)
Trainingsdauer:
  bis zu 2 Stunden
Belastungsintensität:
  größtenteils 50–60 Prozent der maximalen Trainingsherzfrequenz, je nach gegenwärtigem Leistungsstand und subjektivem Empfinden maximal alle 10 Minuten kurzfristige Belastungsspitzen oberhalb der aerob/anaeroben Schwelle von höchstens 1 Minute Dauer

Tag 4
  wie Tag 1

Tag 5
  wie Tag 2

Danach *Ruhetag* – möglichst mit leichtem Training im Kompensationsbereich, also 40 bis 50 Prozent der maximalen Trainingsherzfrequenz entsprechend dem subjektiven Befinden.

Ob Sie ein leichtes Kompensationstraining machen oder den Ruhetag wörtlich nehmen und eine Trainingspause einlegen, müssen Sie nach eigenem Ermessen und ihren persönlichen Erfahrungen entscheiden, denn jeder Mensch reagiert diesbezüglich verschieden.

Erklärtes Ziel eines jeden Leistungssportlers ist es, im Lauf der Zeit die Leistungen innerhalb der Mikrozyklen bei gleichen prozentualen Belastungsintensitäten zu steigern. Inwieweit dieses Ziel erreicht wird, hängt von vielen Faktoren ab, wie Verletzungsfreiheit, stabile Gesundheit und vor allem der richtigen Zielsetzung gemäß den persönlichen Veranlagungen wie Talent oder körperliche Möglichkeiten.

Literatur und Adressen

Literaturhinweise

Allgemeines zu Ausdauer, Trainingslehre und Fitness:

BARTECK, OLIVER / KRÖGER, KNUTH / MORKRAMER, ALEX: *Alles über Fitness.* Köln 1998

EDWARDS, SALLY: *Leitfaden zur Trainingskontrolle.* Aachen 2000

HOTTENROTT, KUNO / ZÜLCH, MARTIN: *Ausdauerprogramme. Erfolgstraining für alle Sportarten.* Reinbek 1995

NEUMANN, GEORG / PFÜTZNER, ARNDT / HOTTENROTT, KUNO: *Alles unter Kontrolle. Ausdauertraining.* Aachen 2000

NEUMANN, GEORG / PFÜTZNER, ARNDT / BERBALK, ANNELIESE: *Optimiertes Ausdauertraining.* Aachen 1999

SCHILLING, MATHIAS: *«Der Einfluss von Spinning® auf ausgewählte gesundheitsrelevante Parameter im Vergleich zu herzfrequenzgesteuertem Ausdauertraining»,* Diplomarbeit, Köln 1997

WEINECK, JÜRGEN: *Optimales Training.* Nürnberg 2000

Spezielle Literatur zum Thema Radsport:

KONOPKA, PETER: *Radsport.* München 2000

DERS.: *Richtig Rennradfahren.* München 1998

SCHMIDT, ACHIM: *Handbuch für Radsport.* Aachen 1996

HOTTENROTT, KUNO / ZÜLCH, MARTIN: *Ausdauertrainer Radsport.* Reinbek 1998 / 2000

HOTTENROTT, KUNO / ZÜLCH, MARTIN: *Ausdauertrainer Mountainbiking.* Reinbek 1997 / 2000

Informationen zum RAL-Gütezeichen «Fitnesszentrum» bei:
Gütegemeinschaft Gesundheitssportzentrum e.V.
Wiener Weg 1A
50 858 Köln
Tel.: 0221–4 846 331/Fax: 0221–4 844 637
http://www.ral-fitness.de

Polar Elektro GmbH Deutschland
Hessenring 24
64 572 Büttelborn
Tel.: 06 152–92 360/Fax: 06 152–923 620

Spinning®/Schwinn Deutschland
mpk Cardio Fitness Products GmbH
Frauenhoferstr. 11
82 152 Planegg
Tel.: 089–857 502 124/Fax: 089–8 572 142
http://www.mpk-fitness.com
Informationen zu Spinning® unter:
http://www.spinning.com

Herausgeber/Autoren

Herausgeber:

Prof. Dr. Ingo Froböse
DSHS Köln, Institut für Rehabilitation und Behindertensport, Lehrstuhl für Rehabilitation und Prävention im Sport, Prorektor und Vorsitz im Bereich Lehre, Studium und Studienreform

Siw Waffenschmidt
Diplomsportlehrerin, Doktorandin DSHS Köln, Geschäftsführerin der Gütegemeinschaft Gesundheitssportzentrum e.V.

Autoren:

Mathias Schilling
Diplomsportlehrer, Diplomarbeit zum Thema Spinning
Sportlicher Leiter im Sportpark Hilden, ausgebildeter Spinning Instructor seit 1995, Referent und Ausbilder für zahlreiche Ausbildungsinstitutionen

Kim Tofaute
Diplomsportlehrer, Doktorand DSHS Köln
10 Jahre Radsport bis zur höchsten Amateurklasse; größter internationaler Erfolg: Sprintertrikot des besten Sprinters bei der Tour de Côte d'Azur

Horst Schwertfeger

Fitnesstrainer, Indoor-Cycle-Kursleiter und Referent sowie Hochleistungssportler. Er hat in seinem Leben bereits 500 000 km auf dem Straßenrad zurückgelegt, veranstaltet alljährlich in den französischen Hochalpen ein Trainingslager für Radsportler aller Leistungsklassen.

oben links:	Patrick Beier (Fotograf)
oben rechts:	Till Hermanns (Model)
unten rechts:	Melanie Etter (Model)

Badminton
von Hans Werner Niesner,
Jürgen H. Ranzmayer
(sport 17042)

Das Basketball-Handbuch
Hg. von Günter Hagedorn,
Dieter Niedlich und Gerhard
J. Schmidt
(sport 19427)

Bodybuilding *Die besten Übungen*
von Berend Breitenstein
(sport 19483)

Einradfahren
von Sebastian Höher
(sport 18654)

Golf-Handbuch *Vom Anfänger zum Könner*
von Alex Hay
(sport 18616)

Handball
von Hans-Dieter Trosse
(sport 17004)

In-Line-Skating Rollerblading
von Joel Rappelfeld
(sport 19433)

Jonglieren
von Adrian Voßkühler
(sport 19434)

Krafttraining mit dem Thera-Band *Die besten Übungen*
von Hans-Dieter Kempf und
Andreas Strack
(sport 19484)

Tanzen *Die wichtigsten Schritte für Anfänger und Wiedereinsteiger*
von Kurt Braunmüller
(sport 19451)

Die besten Übungen

KRAFTTRAINING MIT DEM
THERA-BAND®

Tennis-Funktionsgymnastik
Tischtennis, Badminton, Squash
von K.-Peter Knebel, Bernd
Herbeck, Susanne Schaffner
(sport 18621)

Volleyball
von Günter Blume
(sport 17011)

Volleyball-Handbuch *Theorie, Methoden, Praxis; Offizielles Lehrbuch des Deutschen Volleyballverbands*
Hg. von Erich Christmann,
Klaus Fago und dem DVV
(sport 17640)

Weitere Informationen in der
Rowohlt Revue, kostenlos im
Buchhandel, und im **Internet:
www.rororo.de**

Die 10-Minuten-Programme für eine tolle Figur:

Bodytrainer Bauch, Taille, Hüfte
(sport 19407)
von Sabine Letuwnik

Bodytrainer Brust und Arme
(sport 19408)
von Sabine Letuwnik

Bodytrainer Po und Beine
(sport 19409)
von Sabine Letuwnik

Bodytrainer für die Frau ab 50
Gut aussehen und sich wohl fühlen
von Otti Krempel
(sport 19453)

Der Bodytrainer. Das Programm für Ihre Wunschfigur
von Sabine Letuwnik
und Jürgen Freiwald
(sport 19460)

Bodytrainer Schwangerschaft
Fit für zwei durch Bewegung und Entspannung
von Marion Appel-Schiefer
(sport 19461)

Bodytrainer für Männer: Bauch
(sport 19438)
von Sabine Letuwnik
und Jürgen Freiwald

Bodytrainer für Männer: Fit von Kopf bis Fuß
(sport 19439)
von Sabine Letuwnik
und Jürgen Freiwald

Bodytrainer Tubing *Der effektive Weg zu besserer Fitness und einer guten Figur*
von Andreas Wnuck
(sport 19493)

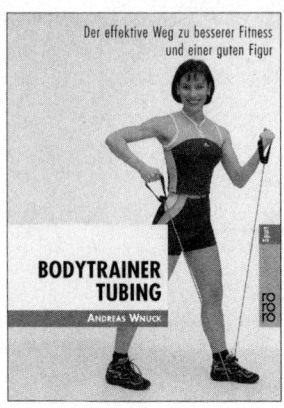

Der effektive Weg zu besserer Fitness und einer guten Figur

BODYTRAINER TUBING
ANDREAS WNUCK

Muskeltraining
Übungsprogramme mit Kleingeräten
von Johannes Mende
(sport 18640)

Power-Bodybuilding
Erfolgreich, natürlich, gesund
von Berend Breitenstein
(sport 19470)

Problemzonen-Gymnastik
Das Programm für eine Top-Figur
von Otti Krempel
(sport 19411)

Trainingsbuch Bauchmuskulatur
von Heinz Helge Fach
(sport 19469)

Weitere Informationen in der **Rowohlt Revue,** kostenlos im Buchhandel, und im **Internet: www.rororo.de**

Laufen und Leichtathletik

Ausdauertrainer Laufen
Training mit System
von Kuno Hottenrott und
Martin Zülch
(sport 19454)

Besser laufen *Das 30-Tage-
Programm*
von Jack Heggie
(sport 18664)

Laufen *Handbuch für Sport
und Fitness*
von Herbert Jost
(sport 18655)

Marathon *Ein Laufbuch in
42,195 Kapiteln*
von Harald Krämer und
Klaus Zobel
(sport 19437)
Das «Laufbuch in 42,195
Kapiteln» fängt in Reporta-
gen, Porträts und Glossen
den Reiz des Massen-
phänomens Marathon ein.

**Marathon – Das 4-Stunden-
Programm** *Vom Anfang bis
zum Finish*
von Ole Petersen
(sport 19486)

So einfach ist laufen *Das
Programm für den leichten
Einstieg*
von Winni Mühlbauer
(sport 19457)

Runner's World. Das Laufbuch
von Thomas Steffens und
Martin Grüning
(sport 19465)

Ironman *Vom Anfang bis
zum Finish*
von Ole Petersen
(sport 19471)

Leichtathletik
*Die offiziellen Lehrbücher
des Weltleichtathletik-
Verbandes IAAF*
von Ulrich Jonath, Rolf
Krempel, Eduard Haag und
Harald Müller
Band 1 Laufen
(sport 18660)
Band 2 Springen
(sport 18661)
Band 3 Werfen und Mehrkampf
(sport 18662)

Ausdauertrainer Triathlon
Training mit System
von Kuno Hottenrott und
Martin Zülich
(sport 19466)
Der Band enthält Programme
und Wochenpläne zur leicht
nachvollziehbaren Umset-
zung für verschiedene
Leistungsstufen.

Weitere Informationen in der
Rowohlt Revue, kostenlos im
Buchhandel, **im Internet:
www.rororo.de**

rororo sport

Anfängerschwimmen *Training, Technik, Taktik*
von Kurt Wilke
(sport 17032)

Schwimmen *Training, Technik, Taktik*
von Werner Freitag
(sport 17003)

Wassergymnastik *Fit durch Hydropower*
von Karen Beigel und
Andreas Brinckmann
(sport 18639)
Dieses Buch stellt ein umfassendes und vielfältiges
Angebot vor und bietet für
jeden etwas: sanfte Beweglichkeitsübungen, Powergymnastik als Fitnesstraining, schwimmerische
Ausdauergymnastik, Spaß
und Geselligkeit bei vielseitiger Belastung u.v.m.

Aqua-Training *Übungen und Programme*
von Margot Zeitvogel
(sport 18698)

Tauchen *Das Know-how für den Unterwassersport*
von Erhard Schulz
(sport 19418)

Ausdauertrainer Triathlon
Training mit System
von Kuno Hottenrott und
Martin Zülch
(sport 19466)

Ironman *Vom Anfang bis zum Finish*
von Ole Petersen
(sport 19471)

Funboard Surfen *Powerlearning für Fahrtechnik und Manöver*
von Christopher Zitzmann
(sport 19480)
Das Buch beschreibt, wie
Surfer, die das Einstiegsniveau hinter sich gebracht
haben, mit dem Funboard
schnell und effektiv die
richtigen Fahrtechniken und
Mannöver beherrschen
lernen.

Beachvolleyball
von Jörg Schlockermann und
Frank Mackerodt
(sport 19485)

Weitere Informationen in der
Rowohlt Revue, kostenlos im
Buchhandel, und im **Internet:**
www.rororo.de